杨会军 著

一口气读完美国史

（修订版）

长春出版社
全国百佳图书出版单位

图书在版编目(CIP)数据

一口气读完美国史/杨会军著.—修订版.—长春：长春出版社，2023.1
ISBN 978-7-5445-6941-5

Ⅰ.①—… Ⅱ.①杨… Ⅲ.①美国-历史-通俗读物 Ⅳ.①K712.09

中国版本图书馆 CIP 数据核字(2022)第 227148 号

一口气读完美国史（修订版）

著　　者　杨会军
责任编辑　孙振波
封面设计　楠竹文化

出版发行　长春出版社
总 编 室　0431-88563443
市场营销　0431-88561180
网络营销　0431-88587345
地　　址　吉林省长春市长春大街309号
邮　　编　130041
网　　址　www.cccbs.net

制　　版　佳印图文
印　　刷　吉林省科普印刷有限公司

开　　本　880毫米×1230毫米　1/32
字　　数　170千字
印　　张　8.25
版　　次　2023年1月第1版
印　　次　2023年1月第1次印刷
定　　价　39.80元

版权所有　盗版必究
如有图书质量问题,请联系印厂调换　联系电话:0431-80867799

再版序

弹指间，17年过去，《一口气读完美国史》有了修订再版的必要。

过往17年，据说是人类历史上最激动人心、最深刻变化、最刷新三观的岁月。其中，最显著的变化，用美国"终极思想家"雷·库兹韦尔（Ray Kurzweil）的话说，就是在宇宙的总体演化中，技术和人工智能正以指数级速度演进，人类超越自身命运的奇点正在降临。

奇点将至，奇迹的大门即将开放。

人类的历史或将展开堪比史前"大洪水"的升维飞跃。站上新门槛，瞻前顾后是人的本能，回看历史是人之常情。

全面建成小康社会的我国也已经今非昔比，经济体量直逼美国，摩天大厦、高铁里程、移动用户、5G基站、奢侈品消费等等在数量上远超美国，神州大地沧海桑田，复兴伟业欣欣向荣。

但是，一些关键技术的上游仍然卡在太平洋的彼岸，比如超级计算机母盘、互联网元规则、高端芯片、智能手机设计、生物基因技术、纳米材料、太空探索、量子科技等等，某些"卡脖子"的技术还攥在美国手里。不过，美国的日子也绝不好过。

金融危机、民粹风潮、新冠肺炎疫情一波未平一波又起，惊涛骇浪、意外迭出，各种飞来横祸打得美国怀疑人生。从奥巴马到特朗普，再到拜登，总统一个比一个更老，美国"再次伟大"的脚步蹒跚踉跄，瞻之在前，瞠乎若后。

"从实力的角度"再看美国，这一版更新了很多资料，尝试了新时代的新解读。更多新鲜的阅读体验，留给您亲自揭晓。

杨会军

2022 年 2 月 7 日

目 录

美洲原住民　　　　　　　　　/ 001

印第安人　　　　　　　　　　/ 005

发现"新大陆"　　　　　　　/ 009

弗吉尼亚殖民地　　　　　　　/ 012

五月花号公约　　　　　　　　/ 017

马里兰殖民地　　　　　　　　/ 020

马萨诸塞殖民地　　　　　　　/ 023

罗得岛殖民地　　　　　　　　/ 026

宪法之州　　　　　　　　　　/ 029

新罕布什尔殖民地　　　　　　/ 032

汤姆叔叔的小屋　　　　　　　/ 034

帝国之州	/ 037
卡罗来纳殖民地	/ 041
佩恩的森林	/ 045
花园之州	/ 048
美国第一个州	/ 051
罪犯倾销地	/ 053
北美独立战争	/ 056
建立美利坚合众国	/ 062
华盛顿时期	/ 066
重要分水岭	/ 069
美洲人的美洲	/ 074
杰克逊时期	/ 077
攻城略地	/ 080
南部奴隶制与废奴运动	/ 085
美国内战	/ 089
南部的重建	/ 098
高速发展的美国经济	/ 102
20世纪初叶的美国	/ 106
美西战争	/ 109
向太平洋地区扩张	/ 111

向拉丁美洲扩张	/ 114
进步主义运动	/ 118
第一次世界大战中的美国	/ 123
哈定—柯立芝—胡佛时代	/ 130
罗斯福时代	/ 135
第二次世界大战初期的美国	/ 142
太平洋战争爆发	/ 147
第二次世界大战后期的美国	/ 152
雄霸世界的美国	/ 160
冷战的铁幕	/ 163
美国的欧洲战略	/ 166
美洲和亚洲战略	/ 169
朝鲜战争	/ 172
麦卡锡主义	/ 177
新边疆	/ 180
伟大社会	/ 184
越南战争	/ 188
动荡又滞胀的美国	/ 193
尼克松经济学	/ 198
尼克松主义	/ 201

水门事件　　　　　　　　　　　／ 205

福特—卡特时期　　　　　　　　／ 208

里根—布什时期　　　　　　　　／ 211

克林顿时期　　　　　　　　　　／ 214

乔治·沃克·布什政府　　　　　／ 217

非洲裔总统奥巴马　　　　　　　／ 226

推特总统特朗普　　　　　　　　／ 233

拜登执政　　　　　　　　　　　／ 245

后记　　　　　　　　　　　　　／ 251

> 欧洲人发现的不是屈从于奴役的土著,
> 不是成熟到适于征服的古老文明,
> 而是一片未经开发的土地和森林茂密的辽阔大陆,
> 稀稀落落地定居着一些宁死不屈的原始部落。
> ——［美］查尔斯·比尔德、玛丽·比尔德

美洲原住民

北美洲最早的人类活动大约始于 15000 年前。

对于美洲原住民,学术界的主流看法认为:他们原来应该是生活在亚洲或者太平洋某些岛屿上的原始部落,因为某种未知的缘故跋山涉水来到了美洲大陆。他们可能是原先生活在亚洲东北部的游牧部族,一路追逐兽群,越过连接西伯利亚和阿拉斯加的欧亚大陆桥迁徙到了北美洲;也可能是生息在某些太平洋岛屿上的渔牧部族,一路追逐鱼群,乘坐独木舟或者帆船顺风随海漂流到了美洲大陆。

印第安人的皮肤多为棕色、黄褐色、黄色和古铜色,毛发粗黑,鼻子宽大扁平,高颧骨。成年男子身高 1.7 米至 1.8 米,成年女子身高 1.52 米左右。人种外貌类似于蒙古高原人。如今的一些印第安人因为与欧洲人、非洲人混血,人种特征已经有所不

同了。

迁来美洲之后，历经万年生息繁衍，印第安人逐步扩散、广泛地分布于美洲大陆。大部分印第安人散居在中南美洲，因为野外生存的古代人缺衣少食，不得不生活在热带及亚热带地区。

中南美洲因为气候温暖，印第安人发展出如玛雅、阿兹特克、印加文明。而北美的印第安人还停留在原始时代，没有出现国家，因为北美的山脉是南北走向，无法阻拦冷空气南下，温差变化剧烈，原始人类很难在户外生存。加州地区虽然气候好，但多地震，且重峦叠嶂迁徙困难。南部的佛罗里达州台风频发，中部地区又有龙卷风肆虐。北美的印第安人完全看天吃饭，人口不多。

16世纪的时候，气候还算正常，最早的欧洲探险者来到北美时，看到印第安人部落人口众多，活动区域很广。但到了17世纪，气候转为"小冰河时期"，欧洲殖民者来到北美大陆时，印第安人部落已经人口稀少，活动地域很小。

据历史学家亨利·多宾斯在1966年推算，1500年前生活在美洲的印第安人约为9000万到1.12亿，其中北美洲约为1000万到1200万人。不过，也有美国学者认为，当年生活在北美洲的印第安人口约为90万或者110万。因为没有可靠的记载，各种推算差距甚远。

在悠悠万载的历史长河之中，一代又一代的印第安人生息在北美大地上，仿佛都是轻轻而来又轻轻而去，未曾留下文字的记载。

揭过漫长的文献空白，可供后人追溯的印第安人史迹最早见于1500年前后的欧洲探险家的零散笔记。

在当年的北美大陆上，散布各地的印第安人分属于数以百计的不同的部族，各自谋生，互不往来，处于自然原始的部落生息状态，不存在统一的民族国家，也没有任何现代意义的主权实体。

居住在北美洲东北部的主要部族有易洛魁人（Iroquois Indians）、休伦人（Huron Indians）、切罗基人（Cherokee Indians）、万班诺阿格人（Wampanoag Indians）、特拉华人（Delaware Indians）等，这些部落的组织性和战斗力很强。

切萨皮克地区有多阿格人、马特沃曼人、查普蒂科人、帕图克森人、楠蒂科克人、查普唐克人、波科莫克人、怀科米科人、萨斯奎汉纳人等。其中，楠蒂科克人有1500人之众，萨斯奎汉纳人1660年时号称有4000人口、700名武士。

原始部落的生产力非常有限，供养不了多少人口，原始的医疗条件差不多是任人自生自灭，人的寿命都非常短。即便是最强大的部落，实力也极其有限。

居住在五大湖地区的有渥太华人，该部落的印第安人酋长庞蒂亚克是18世纪叱咤风云的人物。俄亥俄河流域生息着肖克人，威斯康星地区有索克-福克斯人，明尼苏达地区有奇帕瓦人。

佐治亚、阿拉巴马和佛罗里达一带，生活着克里克人、塞米诺尔人和乔克托人等。中部大平原地区，主要有苏族人、艾奥瓦人、密苏里人、堪萨斯人和奥塞奇人等。

中部和西南部地区，生息着肖肖尼人、派尤特人、尤特人、霍皮人、科曼奇人、阿帕奇人和纳瓦霍人等部族。

古代印第安人使用的语言约有 300 种之多，其中又有几百种不同的方言。据人类学家和语言学家的分类研究，使用较广泛的印第安语系有易洛魁语、阿尔冈昆语、马斯克霍奇语、苏语、卡多语、阿萨斯卡语、肖肖尼语、皮马语、尤马语、撒利萨语、利图厄姆语、库鲁什语等等。每个语系之中又包含着众多的部落语言和纷繁复杂的方言。

可惜，这些印第安语言基本都停留在口头上，只有切罗基人后来受欧洲文字启发创造了自己的文字。经过欧洲殖民者的屠杀和迫害，很多印第安部族连同他们的语言都在后来的岁月中消失了。不过，直到 1940 年时，仍有 149 种印第安语言还在美国各地的印第安保留地中使用着。

大西洋沿岸的印第安人，对于他们东面的茫茫大海，只有十分有限的知识。他们的船只一般只适合在内陆河流上航行。

对印第安人而言，目力之外的大海是一个未知的神秘世界。当欧洲人扬帆而至时，他们还以为是天外来客。

——李剑鸣

印第安人

印第安人的经济生活是真正的"靠天吃饭"，差不多完全依赖自然资源来谋生。大多数部族以游猎和采集为生。

大约在公元前 8000 年，印第安人懂得了用火，开始驯养狗，生产工具和技术出现了进步，发明了保存和储藏剩余食物的方法，食物品类丰富起来。

到公元 500 年以后[①]，居住在北美洲西南部地区和东部林区的一些印第安部族开始从事轮作农业，使用石头、木头、兽骨和贝壳制作的生产工具，开垦农田，粗放地种植玉米、豆类和瓜类作物。

---

① 公元 500 年的时候，中国处于三国之后、隋唐之前的南北朝大分裂时期，欧洲处于中世纪早期。

由于土广人稀，印第安人实行天然的休耕，不断废弃旧的耕地和村落，迁徙、开辟新的耕地和居住地。他们开辟的农地多数位于土肥水美的河湖之滨和溪流岸边。

印第安人的社会结构以血缘关系为线索，构成家庭、氏族、胞族、部落和部落联盟的社会网络。社会的核心组织是部落，以酋长为首领，男子从事狩猎和作战，女子从事采集、农耕、生儿育女和照顾丈夫。

在北美各地的印第安部落之中，社会形态最发达的是东部林区的农业部落，这里出现了聚居的村落。其中，克里克人已经发展到50多个村落，形成颇有规模的部族联盟。

一个村落就是一个独立的生产和社会单位。村中央建一处四方形的高大棚屋，便是村民集会议事的公共场所。村民的房屋以公共会所为中心向四周散开建筑，私宅的附近带一小块自家的园圃。大块的农田为村落公有土地，各家自种自收，并自愿缴纳部分粮食入公库。

切罗基人还形成了7个氏族"母村"，类似于周围村落的首府。不过，基本的生产和社会事务仍由各个氏族村落自行处理，"母村"和整个部族酋长并没有强大的中心权力。

北美洲中部和大平原上的印第安人部落，多数以游猎为生，骁勇善战，共同进退，常年迁徙，居无定所。也有少数部落筑屋定居，但仍以狩猎为主，兼营辅助性的农业种植。

大约在 1250 年①以后，出于后人不知的原因，北美印第安人的经济和社会状况出现了停滞不前甚至倒退的现象，许多技术失传，部落衰败。

印第安人相信万物有灵，认为世界是万物的共同家园，所有的动植物与人一样享有平等的权利。人的生存依赖于自然，必须敬畏和感谢自然，不可以超越生存的需要而肆意榨取自然，否则必招有灵的自然报应。

在伦理和处世方面，印第安人重视亲情和友情。父母对待子女非常温和，总是关怀备至，从不责打。对待朋友也十分友善和忠诚，如果遇到朋友有难，一定拼死相救，决不私自逃生。为了部族的荣誉和利益，印第安人会舍生忘死，置一切艰难困苦于不顾。诚实、勇敢、自尊和自由是印第安人最看中的品格。

但是，印第安人对待敌人却毫不留情。因而有些早期的欧洲殖民者认为，印第安人完全由"热情和嗜好"所左右，没有理性，其坚毅勇敢有时会越过界限变成"野蛮的凶残"。

表面看来，印第安人的文明似乎比之田园诗画更加安闲潇洒。然而，征之于后世的结果，这种文明却是诸多悲歌。

在长达 15000 年的悠悠岁月中，印第安人曾经是美洲大陆上唯一的人类族群。可是，在领有自然的富饶之余，他们却未能释放出足够的智慧力量，进而创造出足以抗衡其他大陆的人类文明，

---

① 1250 年的时候，中国处于南宋晚期，欧洲处于中世纪晚期。

以至于后来的欧洲殖民者仅仅凭借马匹和粗糙的火器,便可以长驱直入,予取予夺,几乎如入无人之境。

哀哉,诚如先哲所言:"天行健,君子以自强不息。"

哥伦布并不知道自己发现了一个新世界，也没有给西班牙国王带回黄金，最后在贫病交加中默默死去。

——［美］詹姆斯·洛温

发现"新大陆"

1492年①8月3日，旅居西班牙的意大利航海家克里斯托弗·哥伦布（Cristoforo Colombo，约1451—1506）获得西班牙国王斐迪南五世（Ferdinand V）和女王伊莎贝拉（Isabella）的资助，携带西班牙国王致中国皇帝的书信，带领87名水手、分乘3艘探险船，从西班牙的巴罗斯港出发，驶入茫茫的大西洋，开始一路向西做环球航行，依据"地圆说"探索通往东方的新航线。

10月12日，经过两个多月的艰险航行，哥伦布一行终于登上了巴哈马群岛中的圣萨尔瓦多岛。此后，哥伦布又于1493、1498和1502—1504年间先后三次航行到美洲沿岸的小安第列斯群岛、牙买加岛、特立尼达岛和加勒比海群岛，进行实地考察。

哥伦布是第一个发现美洲"新大陆"的西方探险家。但是，他把所到之处误认作是印度，称呼当地居民为印第安人（Indian，

---

① 1492年是中国的明朝孝宗弘治五年。

意即印度人),美洲土著的名称就是由此而来。

哥伦布发现"新大陆"、开辟出通往美洲的海上航道之后,欧洲各国尾随而至,相继踏上了美洲早期的探险和殖民之路。西班牙和葡萄牙凭借其海上强国的优势,在美洲的探险上捷足先登,很快便征服了中美洲和南美洲,掠得大笔的金银财宝。而北美洲因为缺乏唾手可得的金银财宝,令早期的冒险家们掉头而去。

1497年5月,威尼斯航海家约翰·卡波特(John Cabot)得到英国国王亨利七世(Henry Ⅶ,1485—1509)和布里斯托尔商人的支持,率一艘50吨的小船"马修号"出海西行,带领18名水手去探寻通往亚洲的捷径。11周后,他们抵达了现今加拿大的纽芬兰或者是布列吞角岛。与哥伦布一样,卡波特相信他们到达的地方就是亚洲。

次年5月,英王再次授权卡波特率5艘船300人、满载货物去他发现的"东方"开展贸易。不久,其中一艘船无功而返,卡波特和另外4艘船则神秘地失踪了。卡波特的航行虽然无疾而终,但是却成为英国向北美洲扩张的开始。

16至17世纪的英国,是一个版图狭小的农业国,总人口大约300万—600万。茅舍农和穷人占总人口的30%以上,许多人终年劳作却食不果腹,乞丐遍布城乡。人口的持续增长加上土地和工作的缺乏,被认为是社会贫困的主要原因。开拓海外殖民地,成为英国缓解人口压力、解决贫困问题的重要措施。

同时,1534—1571年间,伴随英国宗教改革运动,很多民众改信新教，成为清教徒①。清教徒不堪忍受英国国教的迫害，开始向"新大陆"寻求生存和发展的空间。

在殖民北美的运动中，满怀求富热望的商业公司扮演了主要的推动者和组织者的角色。为了招募移民，这些商业移民公司编发描述美洲如何富饶的各种宣传品，大肆散布去美洲发财致富的消息。16世纪末17世纪初，得到英王的特许状从事殖民活动的商业公司大约有34家。

这些商业公司由自愿购买股份的股东组成，其中，有由伦敦集团控制的从事向北美殖民的弗吉尼亚公司的社会各阶层的股东1600人。各商业公司的股额都不大，比如弗吉尼亚公司的股份为12镑10先令起价，约为运送一个移民到北美的费用。投资者从公司在北美洲开矿和贸易中分享利润，并且可以按股份得到北美的土地。公司的最高权力归股东大会，选举一名总督和若干助理管理公司事务。

---

① 清教徒（Puritan）是指要求清除英国国教内保有天主教仪式的改革派，该词源于拉丁文的 Purus，意为清洁。清教徒信奉加尔文主义，认为《圣经》是唯一的最高权威，任何教会或个人都不能成为权威的解释者和维护者。

从欧洲启航穿越大西洋的航行，通常不走一条笔直向西的路线。由于风向和海流的影响，船只一般要经常变换航向。在秋天，海上风力很猛，海面较高，从美洲向欧洲的东向航行十分危险。欧洲和美洲之间航程的长短，取决于季节、海流和风向。

如果在顺风季节，只需2—3周即可抵达目的地；如果遇到逆风天气，则要在海上度过3个月方可见到美洲的陆地。

——李剑鸣

弗吉尼亚殖民地

1606年12月，英国的弗吉尼亚公司组织了144名移民，乘3艘船，由约翰·史密斯船长率领开始第一次向北美洲移民。次年4月26日，移民船到达北美洲东海岸的切萨皮克湾，5月12日在詹姆斯河口附近的一个小岛登陆，建立了以英王詹姆斯一世（James I，1566—1625）之名命名的第一个定居点——詹姆斯敦（Jamestown）。

由公司运来的移民实际上是公司雇用的契约劳工，7年之内必须为公司无偿工作，他们开辟的定居点归弗吉尼亚公司所有。最初的拓荒殖民活动远不像冒险家们所吹嘘的那么轻松诱人。相反，一路远涉重洋，饱受折磨，登岸时很多人已经病弱不堪，而殖民点又疾病流行，缺衣少食，"不服水土"的新移民不断死亡。

转年1月，第一艘公司补给船到来时，詹姆斯敦的第一批移民已经只剩38人还在苟延残喘。

1608年又有244名新移民来到詹姆斯敦，但是不久便死掉了144人。1609年到来的300多名移民后来也只活下来不足100人。1610年时移民病死率仍达50%以上。到1616年时，生活在"新大陆"的英国人仍然只有351人。

在1618年至1624年间，据美国学者估计，死于疾病的移民累计达2538人，死于其他原因或回流英国的有1332人。到1624年2月，经过近20年的开拓、发展之后，弗吉尼亚殖民地的人口也不过1275人。

早期来到弗吉尼亚的移民主要是梦想迅速发财的绅士冒险家和莽汉，并不打算定居北美，只想一夜暴富，然后荣归故里。面对艰苦的劳动和恶劣的生活条件，这些移民冒险家牢骚满腹，愤愤不平，或逃往印第安部落，或悄悄溜回英国。殖民公司逐渐认识到，"新大陆"需要的并不是寻宝者，而是能够脚踏实地、艰苦创业的劳动者。

寻找金银财宝的幻想破灭之后，移民们开始把目光投向肥沃的土地。在弗吉尼亚公司的支持下，移民们先后尝试了种植葡萄、养蚕、制盐和捕鱼等生产项目，但是效果都不理想。最后，由约翰·罗尔夫（John Rolfe，1585—1622）带头开展的烟草种植为弗吉尼亚殖民地带来了第一缕致富的曙光。

1580年代，英国探险家将印第安人的吸烟习俗带回英国，人们相信烟草有药用价值，吸烟渐成时髦，来自美洲的烟草供不应求，优质烟草在英国售价高达每磅3先令。1614年左右，约翰·罗尔夫向英国销售了第一批共4包烟草。1618年弗吉尼亚殖民地销往英国的烟草增加到5万磅，到1626年时销量已达30万磅。

为了支持殖民地的生产，弗吉尼亚公司于1619年运来112头牛、4匹马；1620年又运来200头牛、400只山羊、20匹母马和80头驴。这些从欧洲运来的牲畜很快便繁殖起来，拉开了殖民地畜牧业和乳酪事业的序幕。因为农场上劳动力的迫切需要，从1607年开始便有一批又一批的非洲黑人奴隶被陆续地贩卖到了弗吉尼亚殖民地。

为了吸引更多的英国移民前来北美洲，弗吉尼亚公司改革了土地制度。1613年开始，公司分给每户居民一小块土地，并将公司土地划成每份3英亩的小块出租，地租为两桶玉米棒。到1618年时又开始实施土地私有化，凡1616年之前自费而来者每人授予100英亩土地，永久免租，如果是公司股东还可额外购买100英亩土地；1616年之前由公司出资运来的移民，为公司劳动满7年后授予100英亩土地，每年须付地租2先令；1616年之后，自费而来者每人授予50英亩土地，每年须付地租1先令；由公司出资运来的移民，为公司劳动满7年后授予50英亩土地，每年须付地租1先令。

与此同时，公司向其派驻殖民地的官员授予大片土地，附送土地上的佃农，7年内实行五五分成的租佃制。总督得地3000英亩、佃农100人，司库和军事长官分别得地1500英亩、佃农50人，牧师得地100英亩、佃农6人。

土地私有化和宽泛的授地制度为弗吉尼亚殖民地吸引了更多的移民。1619年至1625年间，约有4800名英国移民来到了弗吉尼亚殖民地。但是，此时的殖民地还远不是一个稳定的社会，生活艰苦，人口死亡率很高，与印第安人的关系也在趋于紧张。

1622年3月22日，波哈坦（Powhatan）联盟的印第安人在新任酋长奥佩堪卡努的领导下，对白人定居点发动了突然袭击。347名白人移民被杀，许多村庄和种植园被毁。白人移民进行了反击，杀死许多印第安人，摧毁了很多印第安人的村庄、财产和农作物。此后20多年里，双方时断时续地彼此残杀，死伤人员超过1000人。

到1644年时，白人移民发展到8000多人，实力远在印第安人之上，酋长奥佩堪卡努在战斗中被俘，被白人移民处死，波哈坦联盟被彻底打垮了，詹姆斯敦附近再也没有任何可以构成威胁的印第安人部落了。

然而，弗吉尼亚公司由于经营不善和人事纠纷已经深陷困境，负债累累。1625年，英王查理一世（Charles Ⅰ，1600—1649）将弗吉尼亚殖民地收归王室所有，由英国政府直接管理。

北美独立战争胜利后，1788年6月25日，弗吉尼亚殖民地成为美国第10个州。州别名是"老自治领之州"（Old Dominion State），州府设在里士满（Richmond），第一大城市是弗吉尼亚海滨市（Virginia Beach），州歌是《带我回老弗吉尼亚》（Carry Me Back to Old Virginia），州花是山茱萸花，州鸟是北美红雀，州树是山茱萸，州箴言是"永远打倒暴君"。

据估计，五月花号移民们的直系后代约有 3500 万人。这些后代里涌现了很多美国名人，比如，美国第二任总统约翰·亚当斯、诗人亨利·朗费罗、演员玛丽莲·梦露。

——［英］彼得·库克

五月花号公约

1607 年，伦敦以北 150 英里的斯克鲁比教区，以约翰·鲁滨逊为首的一些英国清教徒分离出来，组成了一个独立的新教派。因为受到当局的排挤，他们背井离乡，离开英国迁徙海外，避居于荷兰的莱顿。

为了建立一个独立的家园，他们在 1620 年向弗吉尼亚公司申请到了移居北美洲的土地。并且，从托马斯·韦斯顿等 70 位伦敦商人手中融得 7000 英镑资金，融资条件是移民们将在未来的北美定居点为韦斯顿等出资人无偿工作 7 年。

1620 年 9 月 6 日，36 名清教徒从荷兰的莱顿回到英国的普利茅斯，与来自伦敦和南安普顿的 68 名移民会合，搭乘"五月花号"，起航驶向北美洲。

11 月 9 日，移民们终于看到了北美洲东海岸的科德角（Cape Cod）。他们准备继续航行到哈得孙河（Hudson River），但是遭遇风向改变，被迫折返科德角，一个月后在普利茅斯湾登上了北美大陆。

因为船只未能按计划到达弗吉尼亚殖民地，他们的土地许可状在普利茅斯一带没有法律效力，移民们因而产生了骚动，扬言不服管束。为了避免发生内讧和混乱，移民领袖威廉·布拉德福德（William Bradford）和威廉·布鲁斯特（William Brewster）等人协商，为未来的定居点制定了一些管理规则，后来被称为《普利茅斯联合协议》或《五月花号公约》（Mayflower Compact）。

在离船登岸之前，41名成年移民在这份公约上签了字，相约在上岸后组成一个公民社会，制定公正、平等的法律，服从合法的权威，推进殖民地的共同利益。这是英国移民在北美洲自愿达成的第一个社区自治协议。

但是，接踵而至的冬天寒冷无比，移民们搭盖的简陋房屋难以抵御风雪，粮食也不足。熬到冬天结束时，贫病交加的移民们只活下来不到50人。

1621年3月16日，普利茅斯殖民点迎来了一位名叫萨摩赛特（Samoset）的印第安勇士。萨摩赛特属于阿布纳基部落（Abnaki Indian），他曾跟早年到过此地的欧洲探险家们学会了一些英语。第二天他又带来了英语讲得更好的另一位印第安人——斯昆图（Squanto）。斯昆图曾经远渡大洋到过英国和西班牙，在英国学会了英语。斯昆图教会了移民们如何采集枫糖和草药、种植玉米、南瓜和蚕豆，以及捕鱼和狩猎。

普利茅斯殖民地实行土地私有化，居民可以自谋生计。到1640年时，殖民地已经形成了比较稳定的局面。政治上实行自治，总督、副总督及其18位助理均由居民选举产生，当选官员与每个村镇推选的2名代表共同组成"大会议"，负责立法。

不过，这块很小的殖民地一直没有得到英王颁发的殖民地特许状，缺乏来自英国当局的合法地位，前景不明。1691年，英国"光荣革命"后登基的新国王威廉三世（William Ⅲ）整顿北美洲殖民地事务，普利茅斯被并入马萨诸塞王室殖民地。

1688年之后的20年里，巴尔的摩男爵发现不可能根据旧的特许状来恢复殖民地产权，便放弃了他祖先的宗教信仰，并通过这一背教行为，挽回了家族的祖传产业。

——［美］查尔斯·比尔德，玛丽·比尔德

马里兰殖民地

宗教改革运动之后，天主教在英国失势，备受当局排挤和贬斥。为了另辟天地，英国天主教徒也把目光投向了北美洲的殖民活动。

1628年，信奉天主教的英国贵族巴尔的摩男爵乔治·卡尔弗特（Lord Baltimore George Calvert）专程远赴弗吉尼亚殖民地考察，打算为天主教徒建立一个北美洲殖民地。不料，登岸后受到当地英国国教势力的刁难，无法访问弗吉尼亚各地，无功而返。

回国后，他极力向英王争取在北美洲建立殖民地的特许状，但是直到1632年4月他去世时仍未获准。其子塞西尔·卡尔弗特（Cecil Calvert）继承爵位后，终于在1632年6月得到了英王查理一世颁发的殖民地特许状，批准卡尔弗特家族在北美洲东海岸的切萨皮克湾地区建立殖民地。卡尔弗特家族将这块殖民地命名为马里兰（Maryland），纪念信奉天主教的英国女王玛丽一世（Mary

I，1516—1558）。特许状规定，塞西尔及其后人是马里兰殖民地的业主，对马里兰殖民地拥有司法和行政权力，但是，须召集殖民地的自由民代表会议，制定的法律须经代表会议通过。

1633年11月22日，首批马里兰移民150多人乘"方舟号"和"灵鸽号"海船从英国出发驶向北美洲。次年2月27日，抵达切萨皮克湾，继续开进到波托马克河。登上河岸后，移民们用几把斧头和几码布从当地的一个印第安部落换得了大片的土地，建立起第一个定居点，命名为圣玛丽斯城。

由于有弗吉尼亚殖民地的经验可以借鉴，马里兰殖民地的建立和发展比较顺利。移民们带来了更多的生产工具和粮食种子，并且很快便开始了可以稳定创收的烟草种植。到1639年时，马里兰殖民地出口的烟草已达10万磅之多。人口也增长迅速，1640年时已达2000人左右，1660年增至8000多人。庄园、村庄、县等地方行政单位开始有效地运转。巴尔的摩男爵之弟出任首任马里兰殖民地总督。

为了吸引英国各地不同信仰的移民迁居北美洲，共同建设马里兰殖民地，巴尔的摩男爵在殖民地采取了宗教宽容的政策。因此，从一开始就有大批的清教徒陆续来到马里兰，人数竟超过了天主教徒。1652年时，清教徒一度控制了马里兰殖民地政府。随后，教友派、浸礼派、长老派、胡格诺派和归正派等各派新教教徒也相继移民马里兰，与清教徒共同构成了马里兰居民的大多数。

随着殖民地经济的发展和本地利益集团的出现，卡尔弗特家族在马里兰殖民地的业主统治、高额税收和宗教矛盾招致越来越多的不满。

1676年9月,卡尔弗特县(Calvert County)爆发了民众反叛,反叛虽被镇压,却反映了殖民地的统治危机。

1689年7月,乘英国发生"光荣革命(Glorious Revolution,1688—1689)"、君主易人之机,马里兰殖民地的移民约翰·库德(John Coode)率众起事,声称要推翻天主教业主的不公正统治,拥护英国新国王对马里兰殖民地的主权。起事者攻占圣玛丽斯城,逮捕殖民地总督,召开"联合者大会",成立了临时政府。1690年,英国国王吊销了卡尔弗特家族的特许状,将马里兰收为王室殖民地,任命总督接管了殖民地政府。

1716年,改宗新教的巴尔的摩勋爵从新登基的英王乔治一世(GeorgeI)手中讨回了马里兰殖民地的统治权。然而,卡尔弗特家族一手遮天的时代已经一去不复返了。

北美独立战争胜利后,1788年4月28日,马里兰殖民地成为美国第7个州。州别名是"战线之州"(Old Line State),州府设在安纳波里斯(Annapolis),第一大城市是巴尔的摩(Baltimore),州歌是《马里兰,我的马里兰》(Maryland, My Maryland),州花是黑眼苏珊花,州鸟是巴尔的摩金莺,州树是白橡树,州箴言是"行为果敢,言语温和"(Manly deeds, womanly words)。

> 英国已经厌腻了她的居民。人在这块土地上的身价比不上人们脚下践踏的尘土,比不上牛马……
>
> ——[美]约翰·温斯罗普

马萨诸塞殖民地

17世纪三四十年代,英国统治者腐败专横,社会矛盾空前尖锐,时局动荡不安,经济形势恶劣,民不聊生,数以万计的英国人背井离乡,移居海外殖民地谋生。

1629年,马萨诸塞海湾公司从英王手中获得了在北美洲建立殖民地的特许状。与其他殖民公司所得到的特许状不同,马萨诸塞的特许状没有规定公司总部的所在地。因此,该公司没有像其他殖民公司那样将总部设在英国、派员去北美洲管理殖民地,而是将公司总部与移民一同迁到了北美洲殖民地,这就为马萨诸塞殖民地后来的发展与自治创造了良好的先机。

1629年8月26日,英国萨福克的清教徒庄园主约翰·温斯罗普(John Winthrop)与托马斯·达德利(Thomas Dudley)、理查德·索顿斯托尔等12位准备移民的人在剑桥聚会,签署了《剑桥协议》,决定举家迁徙北美洲的新英格兰地区,共同开辟马萨诸塞海湾定居地。

同年10月，温斯罗普当选为未来的马萨诸塞殖民地的总督，达德利当选为副总督。当代美国学者认为，温思罗普堪称"美利坚第一伟人"。马萨诸塞湾殖民地是当年新英格兰最强大的殖民地，其总督的地位和权力超越同时代其他任何一个殖民地的总督。温思罗普在新英格兰共生活了19年，直到1649年去世，虽几番沉浮起落，但一直是活跃在马萨诸塞湾殖民地政治舞台上的核心人物，数次力挽狂澜，确保了殖民地的独立、稳定和完整。

1630年4月，温斯罗普率领约1000名移民、乘4艘船来到已经有英国移民定居的北美洲殖民点——塞勒姆（Salem），开始创建一个理想的"山巅之城"。

这次移民活动随即带动了一波大规模的英国清教徒移民运动。到1642年前后，10余年间从英国陆续迁来了大约1.3万名新移民。这些移民大多数是30岁以上的中年人，有能力自己支付迁徙的费用。通常都是举家迁徙，富裕的家庭还带着仆人，有时还是整个教区集体迁徙。因为这些缘故，马萨诸塞殖民地很快便发展成了一个较为稳定的社会。

1630年时，马萨诸塞殖民地只有波士顿（Boston）周围几公里之内的7个定居点，10多年后定居点的数量已经扩展了近2倍。居民主要从事农业和捕鱼业，生活与英国的乡间生活颇为相似。

1636年，来自英国查尔斯敦（Charlestown）的年轻牧师约翰·哈佛在波士顿创建了美国最古老的大学——哈佛学院（Harvard College），即哈佛大学（Harvard University）的前身。

1686年，马萨诸塞殖民地被英国斯图亚特复辟王朝吊销特许状，丧失了原来的自治权利，并入新建立的"新英格兰领地"，归属英王指派的新英格兰领地总督埃德蒙·安德罗斯（Edmund Andros）爵士管辖。1691年10月，英国"光荣革命"后登基的新国王威廉三世又将马萨诸塞确定为王室殖民地。

马萨诸塞殖民地堪称美国文明的摇篮之一。美国的第一个图书馆、第一家报纸、第一所公立学校、第一所高等学府、第一家毛纺厂和第一间铁匠铺都是诞生在这里。1775年4月19日清晨，北美独立战争的第一枪也是在马萨诸塞殖民地的莱克星顿打响的。

1788年2月6日，北美独立战争胜利后，马萨诸塞殖民地成为美国第6个州。州别名是"海湾之州"（Bay State）和"老殖民地"（Old Colony State），州府设在波士顿（Boston），州歌是《为马萨诸塞欢呼》（All Hail to Massachusetts），州花是"五月花"，州鸟是黑顶山雀，州树是榆树，州箴言是"我们以刀剑寻求和平，但是，只有自由之下才有和平"（By the sword we seek peace, but peace only under liberty）。

每当新时代就要降生之际,

阵痛便扭曲着大地。

每一间农舍,每一处庄园,

都为之颤抖,

感受了分娩之凄苦。

——[美]詹姆斯·洛威尔

罗得岛殖民地

罗得岛不是一个单独的岛屿,而是由 36 个岛屿以及一块被纳拉甘西特海湾(Narragansett Bay)分成两瓣的大陆所组成。

1634 年左右,马萨诸塞殖民地的一位牧师威廉·布莱克斯通(William Blackstone)不满意当局封闭、排他的宗教政策,迁往普罗维登斯(Providence)以北的波塔基特(Pawtucket)开荒定居,拉开了创建罗得岛殖民地的序幕。

清教徒在精神层面上追求平等,这种追求构成了对权威的挑战,也逐渐成为塑造美国人性格特征的精神根源。

1635 年 9 月 3 日,马萨诸塞殖民地当局又驱逐了另一位清教反对派牧师——罗杰·威廉斯(Roger Williams)。

威廉斯毕业于英国剑桥大学,1631 年为了逃避英国国教的专制统治而移居北美洲，成为马萨诸塞殖民地塞勒姆教堂的牧师。在布道活动中，威廉斯声称：英王查理一世对北美大陆没有土地所有权，对马萨诸塞湾特许状的授权是无效的，这片土地属于印第安人。威廉斯还呼吁宗教宽容，政教分离。他认为，世俗部门无权监管人们的信仰，也无权执行或惩罚违反十诫的行为。起初，地方治安官劝他放弃"异议"，但威廉斯表示拒绝，遭到了马萨诸塞当局的驱逐。他和他的追随者被迫离开塞勒姆，来到了普罗维登斯；威廉斯为居民们起草了一份建设社会共同体的公约。

1638年，又一位被马萨诸塞殖民地驱逐的清教反对派安妮·哈钦森（Ann Hutchinson）迁到了罗得岛。安妮·哈钦森是一位富有勇气、品格高尚、出身名门、很有才能的女人。她否定殖民地总督至高无上的地位，抨击当局推崇的清教主义，主张个人有权选择宗教信仰。马萨诸塞当局驱逐了这位"太放肆的女子"。来到罗得岛后，哈钦森夫人与其信徒一起开辟了朴次茅斯（Portsmouth）定居点。

1639年，哈钦森派的一位分离者威廉·科丁顿离开朴次茅斯，创建了纽波特（Newport）定居点。1642年前后，另一位分离者塞缪尔·戈顿又开辟了沃威克（Warwick）定居点。

罗得岛的这些定居点各自为政，互不相干，都没有得到英国政府的殖民特许状。为此，罗杰·威廉斯居中联络，商议共建一个统一的殖民地。1644年，罗杰·威廉斯从英国争取到了一份土地证书，将沃威克之外的罗得岛村镇合并为一个统一的殖民地。

1647年,这些村镇的代表在朴次茅斯集会,通过一系列的立法,组建了联合政府。1663年,罗得岛得到了英国政府颁发的正式特许状,最终确立为一个自治的殖民地。

北美独立战争胜利后,1790年5月29日,罗得岛成为美国第13个州,全称为"罗德岛和普罗维登斯种植园州"(State of Rhode Island and Providence Plantations)。该州别名是"小罗德"(Little Rhody),州府设在普罗维登斯,州歌是《我的罗德岛》(Rhode Island's It for Me),州鸟是罗得岛红鸡,州花是紫罗兰,州树是红枫,箴言是"希望"(Hope)。

通过移植，他们就像其他植物一样，已经扎下根且生长茂盛。

——［美］赫克托·克雷夫科尔

宪法之州

随着马萨诸塞殖民地人口的不断增长，居民们开始感到人多地少，空间狭窄。于是，冒险家们开始寻找更好的土地。随后，他们发现了西面较远的康涅狄格河流域，便向殖民地当局申请迁往土地肥美的康涅狄格河谷。

康涅狄格一词来自印第安语言，意思是"受海潮影响的一条长河流经之地"，简称"长河之地"。康涅狄格河是美国东北部最长的河流，由北向南注入长岛海峡。1614年，荷兰航海家爱德里安·布洛克（Adriaen Block）最早驶入长岛海峡和康涅狄格河，并且在1633年建立了哈特福德（Hartford）贸易点，后来因为英国移民的争夺而撤走了。

1635年，沃特敦（Watertown）、多切斯特（Dorchester）和纽敦（Newtown）等地的居民获准移居康涅狄格河谷，但是仍须继续服从马萨诸塞政府的管理。随后，第一批移民在法明顿河（Farmington River）西岸开辟了温莎（Windsor）定居点。

不久，马萨诸塞最早的移民之一、清教少数派牧师托马斯·

胡克（Thomas Hooker，1586—1647）带同众多追随者也迁居到了康涅狄格河谷，并且袭击了邻近的印第安人——佩科特部落，消灭了安居在那里的印第安人。

1638年至1639年，人口迅速增加的康涅狄格召开了居民代表会议，通过《基本法》（Fundamental Orders），组成了一个自治的殖民地政府。这部基本法，被公认为是世界上最早的一部成文宪法。总督、副总督及其他12名殖民地官员由自由民选举产生，任期一年。村镇实行与马萨诸塞殖民地类似的管理体制，居民有更多的参政、议政权利。

1640年，康涅狄格殖民地最早设立了北美洲第一所公立中学。

1650年，康涅狄格殖民地建立了北美洲第一座小型水力发电站。

1662年，已自行运转多年的康涅狄格殖民地得到英国政府的承认，获得了正式的殖民特许状。同时，特许状还将邻近的另一处由英国移民自行开辟的定居地——纽黑文（New Haven）划归康涅狄格管辖，组成了"一个名副其实的法人团体和政治实体"。

1675至1676年，一再遭受欧洲移民排挤的当地印第安部落曾经发动过较大规模的反抗战争。

1701年，名校耶鲁大学在纽黑文创立，在北美大学中最早设博士学位。纽黑文市也是棒棒糖、软木塞和蒸汽船的发源地。

1716年，康涅狄格殖民地开始生产并且出口钉子。

1740年，该殖民地生产出北美洲第一批锡制品。

1768年，北美洲最早的造纸厂在康涅狄格殖民地建成。

北美独立战争胜利后，1788年1月9日，康涅狄格殖民地成为美国第5个州。州别名是"宪法之州"（Constitution State），也叫"肉豆蔻州"（Nutmeg State）。州府设在哈特福德，第一大城市是桥港市（Bridgeport），州歌是《美国佬》（Yankee Doodle），州花是美国山桂，州鸟是知更鸟，州树是白橡树，州箴言是"移居本州，安居乐业"（He Who Transplanted Still Sustains）。

就移民全体而言，来美洲的 2/3 人并非因为不满意欧洲的教会或政府，而是为了摆脱穷困的折磨。大部分移民都是身无分文的穷人，只有坚强的心和谋生的志愿，在哪里找见机会就在哪里工作。也有些人甚至是在欧洲的街上被人拐卖来的，或者被没良心的亲属卖来美洲的。还有些姑娘被强抢到美洲来，卖给殖民者作妻室或者家里的仆役。

——［美］查尔斯·比尔德

新罕布什尔殖民地

1603 年，英国航海家马丁·普林（Martin Pring）成为到达这里的第一个欧洲人。1622 年，英国船长约翰·梅森（John Mason）来到这里，命名该地区为新罕布什尔（New Hampshire），借以纪念其英国家乡罕布什尔郡（汉普郡）。1623 年起，开始有英国移民来此定居。

1635 年，英国贵族罗伯特·梅森（Robert Mason）获得英王的特许状，在马萨诸塞北面的一片土地上建立了新罕布什尔殖民地。当地经济以伐木业、造船业和海洋渔业为主，人口不多，但是经济生活比较繁荣。1660 年英国斯图亚特王朝复辟后，新罕布什尔被并入马萨诸塞殖民地。1679 年又重新成为一个单独的王室殖民地，重归梅森家族所有。1686年，新罕布什尔被并入英王直属的"新英格兰领地"。1689年英国"光荣革命"后，新罕布什尔再次被并入马萨诸塞殖民地。

1691年，英国政府更新马萨诸塞殖民地的特许状，新罕布什尔被再度确认为一个单独的殖民地。不过，直到1741年之前，其总督均由马萨诸塞总督兼任。

1774年12月，在该殖民地的纽卡斯尔（Newcastle）大约有400名居民攻占了一个英国驻军的要塞，缴获了很多枪支和100桶火药。这件事发生在马萨诸塞的莱克星顿战斗的4个多月之前，是北美独立运动中最早的反英斗争之一。

在美国《独立宣言》签署前的6个月，新罕布什尔通过了一部州宪法，第一个建立了完全自治的殖民地政府。独立战争期间，本地组织了3个民兵团参与抗击英军的战争。

北美独立战争胜利后，1788年6月21日，新罕布什尔成为美国第9个州。当时，新罕布什尔州议会投下决定性的一票，使得原北美13个殖民地批准《联邦宪法》的州数达到法定票数，美国宪法从此生效。

该州别名"花岗岩之州"（Granite State），州府设在康科德（Concord），第一大城市是曼彻斯特（Manchester），州歌是《古老的新罕布什尔》（Old New Hampshire）和《新罕布什尔，我的新罕布什尔》（New Hampshire, My New Hampshire），州花是紫丁香，州鸟是紫梅花雀，州树是白桦树，州箴言是"不自由，毋宁死"（Live Free or Die）。

033

享乐和忧患，不是我们预定的道路。只有行动，使我们一天比一天进步。

——［美］亨利·沃兹沃恩·朗费罗

汤姆叔叔的小屋

缅因州有 2500 个湖泊、5100 多条河流、1300 多个沿海岛屿。这里山清水秀，风景如画，鹿和熊很多，可以打猎，是一块游乐胜地。

1605 年，英国探险家乔治·韦茅斯来到缅因，与当地印第安人开展贸易。缅因的名称来自法国古代一个省名。1607 年，英国的普利茅斯殖民公司将 2 船移民 120 人送到了缅因境内的萨加达霍克河畔，开辟了第一个定居点。但是，因为管理不善，食物缺乏，这些移民在 1609 年又全部返回了英国。此后，直到 1620 年时，才来了另一批英国移民，在这里永久定居下来。

1639 年，费迪南多·戈吉斯爵士从英王查理一世手中得到殖民特许状，在缅因地区建立了一块单独的殖民地。1652 年以后，缅因落入马萨诸塞殖民地的控制之中。1691 年又被正式并入马萨诸塞殖民地。

缅因是北美殖民地中最东部的地区，每天最早见到太阳。这里森林茂密,是北美洲木材业最早兴起的地方。早年间,英国海军曾经把缅因州所有直径超过 2 英尺的松树都打上"留用"记号,专门用来制造英国帆船的桅杆和帆杠。实际上,美国的第一艘船也是在缅因州制造的。缅因地区也是北美洲最早种植马铃薯的地方。

1660 年英国斯图亚特王朝(Stuart Regime,1603—1649,1660—1714)复辟后,北美洲开始了第二次殖民浪潮。在此后的 20 多年里,大西洋沿岸一线迅速开辟出纽约、宾夕法尼亚、特拉华、新泽西、北卡罗来纳、南卡罗来纳和佐治亚等新的殖民地,使英属北美 13 州殖民地最终形成。

1774 年,因为对英国的苛捐杂税和政治压制的不满,缅因居民仿效波士顿的"倾茶事件"烧毁了英国商人的一批茶叶。

独立战争期间,在缅因附近的海面上,发生了美英之间的第一次海战。

1820 年 3 月 15 日,缅因地区脱离马萨诸塞州而自成一州,列为美国第 23 州。州别名为"松林之州"(Pine Tree State),州府为奥古斯塔(Augusta),第一大城市为波特兰(Portland),州歌是《缅因州歌》(State Song of Maine),州花是白松果(Cone and Tassel of White Pine),州鸟是山雀,州树是白松,箴言是"我来领先"(I lead)。

缅因州的布伦瑞克(Brunswick)是美国著名小说家哈丽特·斯托(Harriet Beecher Stowe,1811—1896)夫人写作废奴主义名著《汤姆叔叔的小屋》(Uncle Tom's Cabin)的地方。

位于布伦瑞克的鲍登学院(Bowdoin College)也是美国著名诗人亨利·沃兹沃思·朗费罗(Henry Wadsworth Longfellow,1807—1882)和美国文学名著《红字》(The Scarlet Letter)的作者纳萨尼尔·霍桑(Nathaniel Hawthorne,1804—1864)的母校。《红字》是美国浪漫主义小说的代表作,也是美国心理分析小说的开创之作。

1674年，威斯敏斯特和会上，荷兰放弃了对纽约的一切权利。因为这一小块土地总是麻烦不断：贪官污吏横行、农夫牢骚满腹、诉讼没完没了、牧师脾气暴躁、向国会和最高行政长官的请愿一个接一个，要钱，要这，要那，就是一分钱也不上缴。

——［美］亨德里克·威廉·房龙

帝国之州

1609年，荷兰东印度公司支持英国探险家亨利·哈得孙（Henry Hudson）对哈得孙河（Hudson River）沿岸地区进行了考察。随后，荷兰人陆续来到这里。

1614年至1618年，荷兰的新尼德兰公司在卡尔斯岛建立了贸易站点。1624年荷兰的西印度公司又在奥尔巴尼建立了贸易站点，逐渐垄断了这里的毛皮贸易。

1626年，荷兰人用价值60弗罗林[①]的小工艺品从印第安部落酋长手里换得曼哈顿荒岛，建立了阿姆斯特丹要塞，荷兰移民随即大量迁来。到1630年时，哈得孙河口地区已经发展成约有300

[①] 当时欧洲物价普遍低廉，哥伦布远航队的全部费用才3.75万弗罗林，相当于1913年的1.5万美元。

名居民的新尼德兰殖民地，归荷兰西印度公司管理。

然而，荷兰西印度公司只注重贸易，不重视殖民地建设，居民也没有在当地定居的打算，以致本地经济长期不能自给，人口增长也远远落后于英属各殖民地。1660年时，新尼德兰殖民地的人口还不到9000人，而弗吉尼亚已有27020人，马萨诸塞也有20082人。

1664年3月，英王查理二世（Charles Ⅱ，1630—1685）授予其弟约克与奥尔巴尼公爵（Duke of York and Albany）詹姆斯一份北美殖民特许状，将康涅狄格河西岸到特拉华湾东岸包括纽约和缅因东部在内的大片土地封给他，使其成为北美土地最多、权力最大的殖民地业主。当年4月，约克公爵任命理查德·尼科尔斯（Richard Nicolls）为代理总督，率450名英国正规军乘4艘战船远航北美，前往新尼德兰，去夺取他的封地。未遇有效的抵抗，英军顺利攻占新尼德兰，并依约克公爵封号更名此地为纽约。

8月，荷兰人与英国人签订了《新阿姆斯特丹投降协议》，规定本地居民仍为自由民，照旧保有各自的土地和房屋等财产，荷兰居民可以保持自己的信仰、习俗和制度。甚至连荷兰人的总督斯图维森也留了下来，在英国人的统治下安度余生。这种做法为英属殖民地保持宽广的开放性和包容性创造了重要的先例。

为了稳定纽约的局面，尼科尔斯总督召集当地的13个英裔村镇和4个荷裔村镇的34名居民代表开会，通过了有关地方政府、司法、刑事、民事、商贸和印第安人事务等一系列法令，公布后称为《公爵法》，授予居民选举官员和建立教会等权利。

1673年，英荷战争期间，荷兰击败英国，夺回纽约殖民地。但是，后来英国在欧洲战场获胜，荷兰被迫于1674年2月再次交出纽约殖民地。1685年，约克公爵登基成为英王詹姆斯二世（James Ⅱ，1633—1701），纽约殖民地转而成为王室殖民地。

1686年，英国政府为了加强对北美殖民地的统治，增加关税收入，先后吊销了马萨诸塞、新罕布什尔、缅因、罗得岛、康涅狄格、新泽西和纽约等殖民地的特许状，将它们合并为"新英格兰领地"，以波士顿为政治中心，任命前纽约总督埃蒙德·安德罗斯爵士为领地总督，对殖民地进行不设议会的专断统治。

1689年4月18日，趁英国发生光荣革命之机，波士顿爆发起义，当地势力夺取政权，逮捕了安德罗斯总督等20多位英国官员。罗得岛、康涅狄格和普利茅斯等殖民地也乘势恢复了原来的自治政府。4月下旬，纽约也爆发了由德裔移民雅各布·莱斯勒（Jacob Leisler）领导的民众起事，吓跑了总督，接管了政权，选举了新议会，莱斯勒出任总督，并极力争取英国政府的认可。1691年春，英王派来了新任纽约总督亨利·斯劳特（Henry Sloughter），组织了新的纽约政府，将莱斯勒等起义领导人逮捕、处死，纽约殖民地再次回归英王治下。

北美独立战争胜利后，1788年7月26日，纽约殖民地成为美国第 11 个州。州别名"帝国之州"（Empire State），州府是奥尔巴尼（Albany），第一大城市为纽约市（New York City），州歌是《我爱纽约》（I love New York），州花是玫瑰，州鸟是红胸蓝知更鸟，州树为糖槭树，州箴言是"精益求精"（Excelsior）。

移民们发现南部各州适宜栽种棉花,而轧棉机发明之后,棉花就成了南部的主要物产。棉花维系住了南部的奴隶制度。

——［美］哈罗德·福克纳

卡罗来纳殖民地

1526年,西班牙探险家拉克斯·爱龙(Lucas Vasquez de Ayllon)率领大约500名殖民者,搭乘3艘船来到北美洲的卡罗来纳,成为此地的第一批欧洲殖民者。但是,爱龙不久便染病去世了,西班牙殖民者随后陆续离开了卡罗来纳,没有定居下来。

1560年,法国殖民者在此建立了殖民点。1562年,为纪念法国国王查理9世(Charles Ⅸ),法国殖民者按查理的拉丁义拼法Carolus命名该地区为Carolina(卡罗来纳)。

1585年,英国贵族洛利勋爵(Sir Walter Raleigh)在女王伊丽莎白一世(Queen Elizabeth Ⅰ)的赞助下来到卡罗来纳殖民,在罗诺克岛(Roanoke Island)建立了英国人在美洲的第一个殖民地。然而,这些早期殖民者最终没能生存下来,此地也就成了所谓"失落的殖民地"。

1663年3月24日,约翰·科利顿(John Colleton)爵士、乔治·卡特利特(George Carteret)爵士、约翰·伯克利(John

Berkeley）男爵、安东尼·阿什利·库帕（Anthony Ashley Cooper）伯爵、爱德华·海德（Edward Header）伯爵、乔治·蒙克（George Monk）公爵、威廉·克雷文（William Craven）伯爵以及弗吉尼亚总督威廉·伯克利（William Berkeley）等8位英国贵族结成一个小集团，从英王查理二世手中得到了一张北美洲殖民特许状，获准在后来的北卡罗来纳、南卡罗来纳和佐治亚地区建立殖民地。这些英国贵族计划在这片土地上开辟几个业主殖民地，自己坐镇英国，从售卖土地中大发横财。

北卡罗来纳北部地区最初的白人定居者来自弗吉尼亚殖民地，他们在卡罗来纳的阿尔伯马尔（Albemarle）筑屋而居，与印第安人开展贸易。1669年，安东尼·阿什利·库帕伯爵成为卡罗来纳业主集团的领头人，积极推进殖民地的开发工作，从英国动员来了一批新移民，补充到阿尔伯马尔一带。1670年，又一批英国移民来到阿什利河畔，建立了卡罗来纳南部地区的第一批定居点。

库帕伯爵还邀请英国著名哲学家约翰·洛克（John Locke，1632—1704）协助起草了《卡罗来纳基本法》，计划将卡罗来纳建成一个民主制与贵族制混合的政治实体，1/5的土地留给业主，1/5的土地授予业主册封的本地贵族，3/5的土地分给普通居民。土地持有者每年向业主缴纳每英亩1便士的代役租。

《卡罗来纳基本法》没有划分南、北卡罗来纳。后来欧洲移民在卡罗来纳北部和南部地区逐步形成了各自为政的两处定居地，两地各有自己的议会和参事会，但是行政上一直归属同一个总督治理。1711年,南、北卡罗来纳(North Carolina, South Carolina)开始有了各自的总督,成为行政上相互独立的两块殖民地。

1700年以后,由于人口增长的压力,许多弗吉尼亚人向南迁入卡罗来纳的阿尔伯马尔地区。受弗吉尼亚的影响,烟草种植业逐渐在阿尔伯马尔发展起来。南卡罗来纳地区在经过多年的摸索后,于1695年前后开始大面积种植水稻。因为种植水稻需要很多田间劳力,南卡罗来纳逐渐成为奴隶制最盛行的殖民地。南、北卡罗来纳交接的菲尔角(Cape Fear)地区因为造船业的兴起,在1725年以后吸引了大批移民来此定居。

1720年8月10日,在当地反业主浪潮的推动下,英国枢密院(Privy Council)将南卡罗来纳正式收归为王室殖民地,并派遣了第一位王家总督。在北卡罗来纳,反业主的斗争同样是一波未平一波又起,业主们对殖民地的控制与管理岌岌可危,终于在1729年也被收为王室殖民地。

北美独立战争胜利后,1788年5月23日,南卡罗来纳成为美国第8个州。州别名为"扇榈之州"(Palmetto State),州府设在哥伦比亚(Columbia),州歌是《卡罗来纳》(Carolina),州花是黄色茉莉花,州鸟是卡罗来纳鹪鹩,州树是扇棕榈,州箴言是"做好精神和物质准备;活着,就有希望。"(Prepared in Mind and Resources; While I Breathe, I Hope.)

1789年11月21日,北卡罗来纳成为美国第12个州。州别名为"黑油鞋跟之州"(Tar Heel State)和"老北州"(Old North

043

State),州府设在洛利（Raleigh），州歌是《老北州》(The Old North State)，州花是山茱萸花，州鸟是北美红雀，州树是松树，州箴言是"行动而非猜想"(To Be Rather Than to Seem)。

在世界广阔的战场,

在生活的军营,

不要做被人驱赶的蠢牛,

做一个斗争的英雄!

——[美]亨利·沃兹沃思·朗费罗

佩恩的森林

16世纪英国宗教改革运动之后,在英国的威斯特摩兰、坎伯兰、约克、兰开斯特和东南各郡出现了一个新教小教派——教友会,或译公谊会,信徒称为Quakers(音译为贵格),所以该派也被称为贵格会。

该教派主张上帝面前人人平等,崇尚友爱和平,追求信仰自由,讲求勤劳俭朴,反对种族、性别和阶级差别。他们的主张被英国国教视为异端加以迫害。为了寻求信仰自由的空间,教友会人士很早便来到了北美洲。但是,在马萨诸塞等殖民地,教友会仍然受到迫害。因而,建立一块属于教友会的殖民地便成了教友会人士的共同理想。

1681年3月,一位教友会领袖、实业家威廉·佩恩(William Penn,1644—1718)借助其父亲英国海军上将威廉·佩恩爵士

(British Admiral Sir William Penn, 1621—1670)与英王查理二世的关系，获得了在北美洲建立一个业主殖民地的特许状。

1682年，威廉·佩恩来到了他的北美洲殖民地，这里位于马里兰殖民地的北面、纽约殖民地的南面，当年是一望无际的林海，佩恩乍见之下不禁感叹"Sylvania"，意思是"好大的一片森林"，从此这块殖民地便被称为"宾夕法尼亚"（Pennsylvania），意即"佩恩的森林"。其实早在1643年时，这里已有瑞典人前来定居。1655年时，德国人赶走瑞典人。1664年，英国人又取代德国人，成为定居此地的欧洲移民。

威廉·佩恩成为宾夕法尼亚的业主之后，亲自召集所属各县的代表讨论并通过了《政府框架》和《四十法令》，还在1683年召开了殖民地议会。随后，威廉·佩恩委托他的5个私人朋友管理殖民地事务，自己则于1684年回到了英国。

在威廉·佩恩的开明政策和大力推动下，宾夕法尼亚殖民地人口增长很快，到1685年已达8000人。到1689年时，宾夕法尼亚已出现了一群颇有实力的社会精英，逐渐控制了本地的政治实权。

1699年12月，威廉·佩恩再次来到时，人口集中的费城（Philadelphia）规模已经比纽约还大，商贸发达，一派繁华。原想整顿殖民地权力的威廉·佩恩被迫与议会中的反对派签订了反映本地精英利益的新《政府框架》，授予议会更多的权力，调整了原来的土地政策，扩大了殖民地的自治权。

这些新政策深受宾夕法尼亚人民的欢迎，在其颁行50周年之际，费城专门铸造了一口纪念大钟，这就是后来的"自由钟"（Liberty Bell）。1776年，这口钟再次被敲响，宣告北美13个殖民地脱离英国而独立。

北美独立战争胜利后，1787年12月12日，宾夕法尼亚殖民地成为美国第2个州。州别名为"基石之州"（Keystone State）。州府设在哈里斯堡（Harrisburg）。第一大城市是费城（Philadelphia），1774年和1776年两次北美"大陆会议"均在费城召开，1790—1800年，费城曾经是美国首都。州歌是《宾夕法尼亚》（Pennsylvania），州花是美国山桂，州鸟是松鸡，州树是铁杉，州箴言是"道德、自由和独立"（Virtue，Liberty，and Independence）。

在殖民地时期，移居北美洲的白人当中，大约一半是契约移民。契约移民制度有助于解决两个问题：一是帮助穷人们逃出欧洲，去一块机会较大的土地开始新的生活；二是给北美洲供应了迫切需要的移民和劳工。

——［美］哈罗德·福克纳

花园之州

1664年6月，卡罗来纳业主乔治·卡特利特爵士和约翰·伯克利男爵因为对王室的忠诚，受到英王查理二世的嘉奖和封赏，获得了北美洲东海岸哈得孙河与特拉华河一带的土地。此地原是约克公爵封地的一部分，土肥水美，宜于农耕。

卡特利特爵士以其曾经驻防过的英吉利海峡中的泽西岛（Jersey Island）之名命名这块殖民地为新泽西（New Jersey），然后立即开始以优越的条件向移民们提供可以永远保有的小块土地，以便开发那一大片地产。大门一经敞开，英国移民们便纷至沓来，加入了那些已经在哈德逊河西岸建立了若干村落的荷兰移民队伍之中。

第一任总督菲利普·卡特利特带着大约30名冒险家及其仆人在一个叫作伊丽莎白的地方建立了村落。从康涅狄格来的清教徒建立了纽瓦克镇；苏格兰—爱尔兰长老会教徒进入了东部各县；英国教友派则在特拉华河以西的肥沃土地上开始了和平与繁荣的生活。

参照卡罗来纳的管理办法，新泽西实行自由贸易，免除关税，自由移民和服役期满的契约移民都能得到土地，每年每英亩缴纳半便士代役租，信仰自由，建立议会，采行英格兰地方自治体制。

1674年，伯克利男爵为偿还债务而出售了他的土地份额，几经转手后卖到了威廉·佩恩等教友会人士手中。此后，新泽西分成了卡特利特爵士的东新泽西殖民地和教友会的西新泽西殖民地。

1677年，威廉·佩恩又为教友会取得了向西新泽西移民的特许——《西新泽西业主和自由持有者及居民的特许与协议》，在殖民地设立了立法机构，实行信仰自由，按人头授地，保障居民的选举、人身和财产等基本权利。教友会移民随后接踵而来，使西新泽西成为一个典型的教友会殖民地。

卡特利特爵士去世后，其子孙又在1682年将东新泽西卖给了威廉·佩恩等11位教友会人士。但是，新泽西的教友会业主一直没有得到正式的英王特许状。邻近的纽约总督屡屡干涉新泽西事务，使地方事务长期处于混乱之中；教友会的业主们在尽力治理那些喜欢闹事的住户时感到很不愉快，终于感到厌倦，在1702年把殖民地移交给了英王。

英王将东西新泽西合并为一个王室殖民地，由纽约总督兼任其总督，同时仍然承认教友会业主们的土地权利和特殊政治地位。

1738年后,新泽西始有单独的总督。

北美独立战争胜利后,1787年12月18日,新泽西殖民地成为美国第3个州。州别名是"花园之州"(Garden State),州府设在特兰顿(Trenton),第一大城市为纽瓦克(Newark),州歌是《我来自新泽西》(I'm From New Jersey),州花是野紫罗兰,州鸟是东部金翅雀,州树是红橡树,箴言是"自由与繁荣"(Liberty and prosperity)。

一块殖民地要能建成和发展，必须要有某些精英的自觉意愿，他们有离开老家的充分理由和强烈愿望。英国具备这个条件，而法国、瑞典和荷兰没有。

——［美］亨德里克·房龙

美国第一个州

荷兰人是最早来到特拉华的欧洲移民。1609年，英国航海家亨利·哈德逊（Herry Hudson）发现了特拉华湾，借用弗吉尼亚殖民地的首任总督特拉华勋爵（Lord Delaware）的名字命名了这一地区。1631至1633年间，荷兰人曾在此建立了斯瓦伦达尔殖民点。1638年3月，两艘移民船运载着大约100名瑞典人到达特拉华，开辟了永久定居点。1641年，瑞典殖民者购买了荷兰人在特拉华的全部权益，将特拉华变成了新瑞典殖民地。

但是，到了1655年9月，新瑞典又被荷兰人攻占，并入荷兰的新尼德兰殖民地。1657年，荷兰人设立了特拉华殖民地政府，监视瑞典裔居民，同时接纳更多的荷兰和芬兰等地的北欧移民来此定居。到1663年的时候，特拉华殖民地已经建立了110个生产粮食和水果的种植园。

1664年，英国的约克公爵派兵夺取了新尼德兰地区，特拉华也顺带成了其纽约殖民地的一部分。

1682年,威廉·佩恩从约克公爵手中购买了特拉华的土地,特拉华在行政上转而隶属于宾夕法尼亚殖民地,特拉华居民选派代表参加宾夕法尼亚殖民地议会。

1702年,特拉华在立法上分立,单独在纽卡斯尔召开特拉华议会,但是行政上仍然服从宾夕法尼亚总督的管辖。

特拉华殖民地的经济兼具南北特征,既种植烟草也生产粮食,既存在大量的中小自耕农,也有使用很多奴隶的大农场。

在地方政治上,特拉华与罗得岛和康涅狄格等自治殖民地一样,因其边缘化的地位而鲜受英国干涉,拥有较大的自由空间。

北美独立战争胜利后,1787年12月7日,特拉华在北美13个殖民地中率先批准《联邦宪法》,一马当先成为美国的第1个州。因为是美国第一个州,特拉华在政治上一直享有特殊的荣誉:每隔四年,当美国新总统举行就职典礼之时,特拉华州的代表们总要走在游行队伍的最前面。

特拉华州别名"钻石州"(Diamond State)、"第一州"(First State)和"蓝鸡州"(Blue Hen Chicken State),州府设在多佛(Dover),第一大城市是威尔明顿(Wilmington),州歌是《我们的特拉华》(Our Delaware),州花是桃花,州鸟是蓝鸡,州树是美国冬青树,州箴言是"自由和独立"(Liberty and Independence)。

> 佐治亚地区青葱翠绿的美丽风貌和丰盛多产的热带富源被人们说得神乎其神，诱使人们相信他们能按自己的意愿对之任意宰割。
>
> ——［美］丹尼尔·布尔斯廷

罪犯倾销地

16世纪中期，西班牙人最早来到佐治亚地区。100年之后，英国人开始与西班牙人争夺这一地区，并以英王乔治二世（King George Ⅱ of England）之名命名此地为佐治亚（Georgia）。

1663年时，这一地区连同南、北卡罗来纳被英王查理二世授予此前提到的8位贵族业主。到1729年之前，8位业主中的7位已将其殖民地权益卖还给英王，而卡罗来纳南面的佐治亚地区还远未开发，地位未定。

1732年6月9日，英国乡绅、世袭议员和慈善家詹姆斯·爱德华·奥格尔索普将军（General James Edward Oglethorpe, Esq.）等人征得枢密院和英王乔治二世的特许，将英国监狱里的债务罪犯释放出来，作为移民运送到佐治亚地区，建立一个可以兼顾抵御南方的西班牙势力的北美殖民地，伦敦的穷人和失业者的托庇之所，以及珍贵的亚热带产品的来源地。

随后，按照英王的特许状，由奥格尔索普将军等21人组成了佐治亚殖民地筹建和托管委员会，委员们没有薪水也得不到土地，完全出于慈善目的为移民们募集资金，组织移民，供应拓植初期补给，制定殖民地法律，并负责殖民地的治理和安全防务。

佐治亚殖民地当局无偿授予每位移民5英亩宅地和45英亩农田，但不准出售或分割。对于自费迁来、有12名以上劳工随迁并承诺在必要时应征入伍的移民则无偿授予500英亩土地。

1732年11月，经过挑选的35个英国家庭、共125位移民乘坐"两兄弟号"（Two Brothers）海船，驶向佐治亚殖民地。1733年初，移民们到达了奥格尔索普将军事前已选好的定居点——萨维纳河（Savannah River）南岸的一处高地，与附近的印第安部落签订了友好相处条约。

1733年5月，英国下议院拨款1万英镑给佐治亚殖民地托管委员会，资助其建立英属北美第13个殖民地的移民活动。另外，该委员会还从英国各地的教堂募捐到3000英镑的赞助。此后，获得资助的移民们一批批地来到了佐治亚，建立了一个又一个的定居地。佐治亚的公共开支都是由个人捐款或英国政府的拨款支付，而这些原本会被囚于伦敦监狱或因失业而游荡街头的贫民，变成了新建殖民地的受益者。

但是，殖民者们并不富裕，殖民地也没有呈现兴旺的景象。佐治亚发展缓慢的原因在于，这些英国贫民们缺乏开荒种地的工作技能。很快，殖民地的托管委员会就不得不承认："在英国无用的穷人,在佐治亚看来也同样无用。"

1739年,英国殖民者向西班牙殖民者开战,到1742年完全控制了佐治亚地区。1752年6月25日,在佐治亚的托管期满之前,托管委员会将殖民地特许状归还给英国政府,佐治亚从此成为单列的王室殖民地。

1793年,埃里·惠特尼(Eli Whitney,1765—1825)在萨维纳发明了轧棉机,每台机器每天可以为350磅棉花脱籽。棉花成了佐治亚的财富源泉,种植业迅速发展,本地人口激增,大批黑奴被贩卖到这里,使这里成了奴隶制最盛行的殖民地。

北美独立战争胜利后,1788年1月2日,佐治亚殖民地成为美国第4个州。州别名为"核桃州"(Peach State)和"南方帝国之州"(Empire State of the South)。州府设在亚特兰大(Atlanta),州歌是《我心中的佐治亚》(Georgia on My Mind),州花是"查拉几玫瑰花",州鸟是褐噪鸫,州树是橡树,州箴言是"智慧,公平,温和"(Wisdom, Justice, and Moderation)。

大陆会议指派本杰明·富兰克林出使法国，游说法国承认美国。富兰克林是一位发明家、科学家、社会活动家和思想家，早已闻名法国。法国宫廷对这位妙语连珠的草根老头相当着迷，路易十六的财政大臣雅克·杜尔哥赞扬他："从天空中抓住闪电，从暴君手里夺下权杖。"

——［美］亨德里克·威廉·房龙

北美独立战争

走过血泪搏杀、步步艰辛的殖民春秋，来到1775年前后，北美洲的13块英属殖民地已经扩张成一个颇具规模的移民社会实体，人口将近300万，农业日渐发达，工业开始起步，本地精英阶层羽翼渐丰，辽阔的疆域上潜藏着无限的生机。然而，这些殖民地仍附属于万里之外的英国，时时处处忍受着英王和殖民地业主们的肆意遥控。各殖民地之间又彼此猜疑，如同一盘散沙，政治前景黯淡无光。相比之下，在"七年战争"（Seven Years War）①

---

① 1756至1763年间，以英国、普鲁士、汉诺威为一方，法国、奥地利、俄国、萨克森、瑞典、西班牙为一方，在欧洲、美洲、印度和海上，因为争夺殖民地和商业霸权而进行了一场较大规模的混战。在欧洲，战争以普鲁士的胜利而结束，普鲁士成为欧洲大陆上的新兴强国；在美洲、印度和海上，英国取得了全面的胜利，从此成为海上霸主。

之后成为海上霸主的英国，拥有世界上最强大的海军和规模最大的商船队，控制着众多的海外殖民地，国内人口900万人，经济上已经发生工业革命，制造业飞速崛起，王权威武，货币稳定，号称世界无敌，是当时世界上最强大的"日不落帝国"。

"七年战争"的胜利使得大英帝国更加骄横跋扈，其殖民地政策愈加丧失理性。为了偿还巨额的战争债务和支持本土迅猛发展的制造业经济，英国政府无视北美殖民地人民的利益，垄断北美洲的商业，控制北美洲的运输，严禁北美洲人民西迁，扼杀北美洲人民的民主权利，变本加厉地盘剥压榨殖民地人民，一厢情愿地要把北美殖民地变成英国的商品市场和原料供应地，竭力遏制殖民地自身的发展。

哪里有压迫，哪里就有反抗。1774年9月5日，北美各殖民地的代表聚集在费城，召开了"第一届大陆会议"，通过了给英王的请愿书，做出了抵制英国货的决议。为了贯彻这些决议，各殖民地纷纷成立安全委员会，招募民兵，筹措军火，接管地方政权。马萨诸塞殖民地走在斗争的最前列，成为北美殖民地革命的中心。马萨诸塞议会指令所属各镇民兵组成突击队，并在波士顿西北的康科德（Concord）建立了军火库。

1775年4月18日夜，驻防波士顿的英军秘密出发，准备捣毁康科德的殖民地民兵军火库。次日清晨，在莱克星顿（Lexington），英军遭遇马萨诸塞民兵的阻击，打响了北美独立战争的第一枪。来犯英军有700人之众，民兵寡不敌众，8死10伤，分散

057

撤走。但是，英军在捣毁康科德的军火库后，归途上遭到了民兵的沿路伏击，撤回到波士顿时伤亡达273人。

莱克星顿的枪声如同战斗的号角迅速响彻北美殖民地。新英格兰各地的民兵纷纷赶来，与马萨诸塞民兵共同组成了新英格兰军，包围了波士顿。

1775年5月，英国派来了威廉·豪（William Howe）、亨利·克林顿（Henry Clinton）、约翰·伯高英（John Burgoyne）三位将军，增援波士顿的英军。

迫于形势的要求，1775年6月14日，北美殖民地"第二届大陆会议"决定将新英格兰军改组为"大陆军"，并从宾夕法尼亚和马里兰招募新兵。6月15日，"第二届大陆会议"一致推选乔治·华盛顿（George Washington，1732—1799）为大陆军总司令。

7月18日，大陆军在波士顿附近的布雷德山重创威廉·豪率领的2400名英军，打死打伤英军1000多人。8月初，第二届大陆会议派到伦敦向英王恳求和解的代表被拒之门外，英王对北美的请愿书不屑一顾，于8月23日宣布北美殖民地处于公开的叛乱之中，声言要绞死北美殖民地的起义者。12月，英国议会宣布不再保护北美殖民地，禁止与北美殖民地开展贸易，下令查没海上的北美殖民地船只。为了武力镇压北美殖民地的反叛，英国还招募德意志雇佣军开赴北美作战。

1776年1月，费城的政论家托马斯·潘恩（Thomas Paine，1737—1809）发表了《常识》一书，生动鲜活地分析了北美的形势,旗帜鲜明地指出:北美殖民地人民只有拿起武器,与英国决裂,创建独立自主的民主共和国,才能彻底摆脱英国的奴役和压迫。该书很快风靡北美殖民地,3个月里发行了12万册,极大地鼓舞了殖民地人民的抗英斗争,从思想上武装了人民,在舆论上为独立建国做了准备。

不过,直到1776年元旦,在人口300多万的北美殖民地,大陆军招募的士兵也只有8000多人。1776年3月17日,久困波士顿的英军终于坚持不住了,放弃守城,撤离而去,大陆军士气大振。4月和5月间,北卡罗来纳、弗吉尼亚、宾夕法尼亚和新泽西的议会代表先后在大陆会议上要求宣布北美殖民地独立。

6月12日,大陆会议任命了由托马斯·杰斐逊(Thomas Jefferson,1743—1826)等5人组成的独立宣言起草委员会。7月4日,大陆会议投票通过了《独立宣言》,7月9日在费城公布,宣告北美13个殖民地脱离英国,成为独立和自由的国家。北美殖民地人民的武装起义从此正式转变为一场民主国家争取独立与自由的国际战争。

独立战争开始后,北美人民与英军作战的同时,也与殖民地的效忠派(Loyalists)展开了殊死斗争。一些反对独立的效忠派分子要么自组军队,要么加入英军,残酷杀害殖民地人民。1775至1883年间,约有10万名效忠派分子离开美国,投靠英国或加拿大。

战争初期,英军调集2.5万人,在8000人的黑森雇佣军配合下，企图夺取纽约城，将北部的新英格兰地区与中南部各殖民地分割开来，各个击破。华盛顿将军识破其意图，集中大陆军1.8万人防守纽约城。但是，英军凭借海上优势，在长岛（Long Island）登陆，1776年5月27日，华盛顿兵败，退守曼哈顿岛。10月，英军又从大陆军后方登陆，华盛顿被迫再撤，12月初渡过特拉华河撤到宾夕法尼亚，残部只剩下3000人。

为扭转战局，1776年12月25日清晨，华盛顿重新集结7000兵力，偷袭特伦顿（Trenton）的黑森雇佣军，大获全胜。1777年1月30日，突袭普林斯顿（Princeton），重创英军2个团。

初秋时节，双方再次展开战斗。9月11日，英军乘船沿海岸南下，击败华盛顿军，于26日占领费城。英军伤亡558人，美军伤亡900人。大陆会议撤离到宾夕法尼亚的约克镇。

与此同时，从加拿大南下的英军于9月19日在弗里曼农庄（Freeman's Farm）、10月7日在比米斯高地（Bemis Heights）连受重创，10月17日被困萨拉托加（Saratoga）的6000名英军在约翰·伯高英率领下投降，来自北方的英军威胁从此消除。

萨拉托加大捷既为北美人民注入了获得最后胜利的信心，也使得犹豫不决、作壁上观的法国公开站到了美国一边，成为北美独立战争的重要转折点。

法国在"七年战争"中败于英国，一直怀恨在心，时刻伺机报复。北美脱离英国独立，将会削弱英国的势力，有利于法国抗衡英国，符合法国的利益。1777年12月17日，法国公开宣布承认美国独立,并于次年2月签订《法美同盟条约》,保证与美国并肩作战。随后,西班牙和荷兰也相继承认美国,先后于1779年和1780年对英国宣战。美国独立战争变成了一场国际战争。

1779年10月,乔治·克林顿率英军从海陆两面围攻查尔斯顿(Charleston)。1780年5月12日,本杰明·林肯(Benjamin Lincoln)率5466名美军投降,写下独立战争美军最大的败笔。1781年10月19日,被美、法联军围困在约克敦(Yorktown)的英军7157人在查尔斯·康华里(Charles Cornwallis)率领下投降,北美独立战争取得了决定性的胜利。

1782年2月,英国议会以多数票建议结束在北美的战争。4月12日,英、美两国开始在巴黎和谈。11月30日,约翰·亚当斯(John Adams)、本杰明·富兰克林(Benjamin Franklin)、约翰·杰伊(John Jay)和亨利·劳伦斯(Henry Lawrence)代表美国与英国代表理查德·奥斯瓦德(Richard Oswald)草签了《巴黎和约》(Treaty of Paris)。

1783年9月3日,这一结束战争的条约在巴黎签署,英国正式承认美国独立,并划定了美国与加拿大的边界。

美国人——到底是什么人？他们或是欧洲人，或是欧洲人的后裔，他们是你在任何其他国家都找不到的混血人。

——［美］J. 赫克托·克雷夫科尔

建立美利坚合众国

独立战争的胜利为北美13个殖民地敞开了建国之路。但是，初生的美国还只是一个各殖民地涣散、软弱的联合，要把它建构成一个坚强有力的民主共和国仍有许多困难需要解决。

早在1776年6月，第二届大陆会议便委托约翰·迪金森（John Dickinson）等人起草了《邦联和永久联合条例》，简称《邦联条例》，商讨了未来美国的政府框架。

1781年3月1日，经13州各自的议会审议通过后，大陆会议宣布《邦联条例》生效，并据此组建了新的美国政府——邦联国会，下设外交、财政、陆军、海军和邮政等5个行政部门。邦联国会集立法权、行政权和司法权于一身，拥有招募军队、处理外交、发行公债等广泛的权力，第一次将北美洲分散的各殖民地统一成一个完整的主权国家。但是，《邦联条例》为各州保留了太多的实际权力，致使邦联政府缺乏必要的权威和效率，远不能适应当时紧迫的国内外形势需要。

独立战争期间，大陆会议举借了大量的内外债务。到1784年初，由邦联政府继承下来的债务达3900多万美元，每年仅债务利息就达187万美元。而各州向邦联政府缴纳的款项年均只有50万美元，连邦联政府的日常开支都不够，致使国债累积越来越重。而大陆会议自1775年以来发行的各种纸币也在急速贬值，到1781年时大陆币几乎一文不值，国家信誉丧失殆尽，经济极度萧条。人民不堪债务负担，以致爆发了1786至1787年的谢斯起义。

面对邦联政体难以应对的种种危机，邦联议会被迫于1787年5月召集各州代表开会，研究修改《邦联条例》。除罗德岛外，其他12个州共55名代表出席了这次在费城举行的制宪会议。会议进行了近4个月，联邦主义略占上风，州权主义处于弱势，会议最后废弃了邦联政体，制定了联邦主义的新宪法。

1787年9月17日，新宪法草案正式出笼，提交各州议会讨论批准。《联邦宪法》即将取代《邦联条例》的消息一经传开，便在美国社会引起了一场政治大辩论，形成了鲜明对立的联邦党人和反联邦党人两大阵营。

詹姆斯·麦迪逊（James Madison）、亚历山大·汉密尔顿（Alexander Hamilton）和约翰·杰伊（John Jay）三人写出了85篇拥护联邦体制的论文，后来汇编成美国政治学经典《联邦党人文集》。而以托马斯·杰斐逊为首的民主主义者虽然支持建立联邦，却反对宪法中的反民主倾向，要求增补保障基本人权的《权利法案》（Bill of Rights）。

1788年6月21日，新罕布什尔州作为第9个州批准了《联邦宪法》，新宪法达到了生效条件。6月25日和26日，在当时美国政坛上举足轻重的弗吉尼亚州和纽约州也先后以微弱多数批准了《联邦宪法》，使新宪法终成定局。而北卡罗来纳州和罗得岛州则直到联邦政府成立以后，才先后于1789年11月21日和1790年5月29日加入联邦。

1791年12月15日，由麦迪逊起草的12条宪法修正案的前10条经3/4的州批准正式生效，统称为《权利法案》，成为美国宪法的重要组成部分。

《联邦宪法》规定了人民主权与共和制政体，确立了限权政府、三权分立与制衡、实行法治、代议制、联邦制、文官控制军队等基本原则，标志着一个统一、民主、多民族的美国正式形成。为了防止美国政府滥用权力和实施暴政，保障公民个人和弱势群体的权利，《联邦宪法》在美国联邦政府中建立了平等而又彼此独立的立法、行政、司法三个部门，分别将立法权授予国会、行政权授予总统、司法权授予联邦法院，确立了三权分立而又相互平衡制约的政府结构。

在联邦政府的三个部门中，国会居于首要地位。国会实行两院制，由参议院和众议院组成。参议院代表各州，各州不论大小，都配置2个参议员席位，以体现各州在联邦中的平等地位；美国50州共有100位参议员。参议员任期6年，每2年改选1/3。

众议院则代表人民，按各州人口占全国人口的比例分配到各州，但各州至少应有一个众议院席位。众议员任期 2 年，任期届满全部改选，因此国会以每两年为一届。

《联邦宪法》规定了第一届国会众议院的议员为 65 人，并规定了 13 州中各州众议员的席位数。以后由国会根据每 10 年一次的人口普查结果，重新分配众议院议席。1910 年人口普查后，到 1913 年众议院席位增加到 435 个席位；1929 年国会特别会议决定将众议院席位数固定为 435 个席位。

汉密尔顿创建的金融体系,是美国繁荣富强的神奇密码。他叩开信用资源之门,财富洪流立刻汹涌澎湃。

——[美]丹尼尔·韦伯斯特

华盛顿时期

1788年7月2日,邦联国会宣布《联邦宪法》生效,并下令举行国会议员和总统选举人选举,同时指定纽约为临时首都。

1789年2月4日,69名总统选举人全票选举乔治·华盛顿为美国第一届总统,约翰·亚当斯为副总统。

3月1日,第1届联邦国会召开,91名代表出席。

4月30日,57岁的乔治·华盛顿在纽约宣誓就任美国总统。

7月27日,新政府设立了第1个内阁部——外交部,9月15日易名国务院,9月26日任命托马斯·杰斐逊为第一任国务卿。次年3月22日,杰斐逊走马上任,手下只有5名职员、2名信使和1名兼职翻译。以后30年里,仅增编10人。

1789年8月7日,新政府设立了第2个内阁部——战争部。华盛顿的老朋友亨利·诺克斯(Henry Knox)于9月12日被任命为战争部长。9月2日,第3个内阁部——财政部设立。9月11日,华盛顿的亲密助手亚历山大·汉密尔顿被任命为财政部部长。

9月22日,新政府设立邮政总局。9月26日,大陆军的老战士塞缪尔·奥斯古德(Samuel Osgood)被任命为邮政总局局长。

1789年9月24日,第1届联邦国会通过了《联邦司法条例》,设立联邦最高法院、13个地区法院和3个巡回法院,并设立联邦司法部。联邦最高法院由首席大法官和5名大法官组成。华盛顿总统任命约翰·杰伊为首席大法官,埃德蒙·伦道夫为司法部部长。

华盛顿总统任期内,美国政府形成了独特的内阁制,确立了宪法的权威,经济上恢复了国家信用,通过与英国签订的《杰伊条约》、与西班牙签订的《平克尼条约》保全了美国领土的完整。在外交思想上,华盛顿总统开启了美国"孤立主义"的先河。

1792年前后,围绕着汉密尔顿的财政措施所引起的争论、汉密尔顿与杰斐逊在治国思想上的公开冲突,美国政坛上形成了以汉密尔顿为首的联邦党和以杰斐逊为首的民主共和党两大政治派系,开创了美国党派政治的先河。

1796年,第2届总统任满之后,华盛顿拒绝再参加总统竞选,为美国政治生活树立了良好的权力交接传统。

1797年3月4日,约翰·亚当斯(John Adams,1735—1826)就任美国第3届总统。作为联邦党人的中坚力量,亚当斯继续加强联邦党人的统治。但是,在改组陆军问题上,亚当斯与汉密尔顿产生严重分歧,最终导致了联邦党人的分裂。

国务院在应对紧张的法美关系期间,美国国会于1798年颁布了《归化法》《外侨法》《敌对外侨法》和《惩治煽动叛乱法》等四项摧残人权的法令,招致举国抗议,联邦党人的声誉从此一落千丈。

> 上帝特别眷顾傻瓜、醉汉和美国。
>
> ——［德］奥托·爱德华·利奥波德·冯·俾斯麦

重要分水岭

1800年的总统选举是美国政坛上的一个重要分水岭,在野的民主共和党与当政的联邦党展开了激烈的较量。1801年2月17日,托马斯·杰斐逊(Thomas Jefferson,1743—1826)经联邦众议院36轮投票,方以微弱多数当选美国第3任总统。

杰斐逊的当选使美国政权首次和平地由一个政党移交给另一个政党,表明美国政党制度的初步形成,同时也开创了总统兼任执政党领袖的先例。

杰斐逊是美国民主制度的主要理论奠基人,他的上台使美国的民主制度进入一个重要的发展阶段。此后,民主共和党连续执政24年,杰斐逊的继任者詹姆斯·麦迪逊总统和詹姆斯·门罗总统同样来自弗吉尼亚,因而这一段时期也被称为"弗吉尼亚王朝"。

1801年3月4日,杰斐逊在新开辟的美国首都华盛顿哥伦比亚特区宣誓就职,随后任命詹姆斯·麦迪逊为国务卿,艾伯特·加勒廷(Albert Gallatin)为财政部部长,亨利·迪尔伯恩(Henry Dearborn)为陆军部长,罗伯特·史密斯(Robert Smith)为海军部长。为了团结下野的联邦党人，杰斐逊在其亲自任命的316个政府职位中任用了130位联邦党人。

上台执政后，杰斐逊整顿了政府工作秩序，明晰了总统与各职能部门的职责分工，取消了繁文缛节，提高了办事效率；重大问题开会解决，每天早上开放总统官邸接待来访。并且，及时废除了亚当斯政府颁布的摧残人权的法令。

为减轻人民的税赋和逐步削减长期积累的国债，杰斐逊提倡节约政府开支，废除了已征收近10年的国产货物税，并实施陆军"纯洁改编"，将美国陆军规模由3500人减员至2500人，同时削减海军舰只，停止建造新军舰。

在政治上，杰斐逊积极推进扩大公民的选举权。马里兰州和南卡罗来纳州等地修改了州宪法，废止了对选民的财产限制。杰斐逊还推动国会增补了《联邦宪法》第12条修正案，调整了总统选举程序，规定分别投票选举总统与副总统，避免了大选中出现正、副总统平票时必须由国会做出最后裁决的情况。另外，杰斐逊还颁布了《禁止奴隶贸易法令》，在美国历史上第一次对奴隶制实行了法律限制。

为鼓励西部开发，杰斐逊政府于1804年颁布了新的《土地法》，将每人一次最低购地额度由320英亩降低至160英亩，每英亩地价也由2美元降到了1.64美元。1808年，又发布法令将赊购土地的最后付款期由4年延长到5年。杰斐逊的西部土地政策使得更多的普通居民有能力购买土地，吸引移民大举西进，有效地推动了西进运动。1800年时美国政府仅售出6.7万英亩土地，而1818年时售出的土地已达350万英亩。

1803年4月30日，杰斐逊政府趁法国穷于应付欧洲战争之际，以6000万法郎（约合1500万美元）从拿破仑政府手中购买了整个路易斯安那地区。这一地区东起密西西比河、西至落基山脉，北起加拿大、南到墨西哥湾，总面积达260万平方公里，后来成为美国的4个州和9个州的一部分。交易执行时，美国实际付给法国1125万美元用于购地，余款抵偿法国拖欠美国公民的债务。

美国历史上称这一交易为"路易斯安那购买"，其影响十分深远。美国版图因此一下子扩大了一倍还多，实现了美国变密西西比河为内河的梦想，将法国势力一举清出了北美大陆，进一步保障了美国的安全和独步北美洲的优势。随后，仅用了40年的时间，美国的西部边疆就横越整个北美大陆，迅速推进到了太平洋沿岸。

1808年，杰斐逊效法华盛顿，谢绝参加第3次总统竞选。民主共和党提名詹姆斯·麦迪逊（James Madison，1751—1836）为总统候选人，结果麦迪逊高票当选。1809年3月4日，麦迪逊就任美国第4任总统。4年后，再次以高票连选连任。麦迪逊是美国建国元勋中的最后一位总统，其任内继续推行杰斐逊时期的大政方针。

麦迪逊执政后，积极推进美国的民族工业发展，经济上迫切需要拓展海外贸易，而到1812年前后美国的人口也已增长到725万。但是，对美国独立怀恨在心的英国却处处作难，一直企图以经济封锁扼杀美国，并且在海上不断抓捕美国的船只、掠夺货物、强迫劳役，致使美英对抗愈演愈烈。

1812年6月18日，美国对英国宣战，爆发了"1812年战争"。

宣战后，美国首先就近进攻加拿大的英军。1812年7月12日，密歇根领地总督威廉·赫尔（William Hull）将军率兵2200人渡过底特律河进攻加拿大。然而，当他得悉西北部的印第安人支持英军时，唯恐印第安人切断其后方与俄亥俄州的通道，便于8月8日逃回了底特律。随后，英军约2000人挥师南犯。因为惧怕印第安人会在城破后屠杀妇女儿童，赫尔将军竟然一枪未放就在8月16日率军献城投降了。与此同时，美国海军旗开得胜，8至12月间先后击沉、击败数艘英国军舰。1813年，美军又在五大湖地区连连获胜。

但是，由切萨皮克湾登陆、突袭北上的英军未遇有效抵抗，于1814年3月24日攻入美国首都华盛顿哥伦比亚特区，放火烧毁了国会大厦和总统官邸等建筑。麦迪逊政府及时撤离，没有人员伤亡。英军在华盛顿特区破坏2天之后就撤走了。

1814年4月，反法联盟在欧洲获胜，迫使法国皇帝拿破仑退位，英国腾出手来增兵北美。7月，美军在尼亚加拉瀑布（Niagara Falls）附近阻击了英军，双方伤亡重大。9月，美军又在纽约州的普拉茨堡（Plattsburgh）成功地阻击了英军南下。

1815年1月,安德鲁·杰克逊(Andrew Jackson)将军以少胜多,击毙爱德华·帕克南(Edward Pakenham)等3名英国将军、打死打伤2036名英军,而美军只有8死13伤,取得了新奥尔良保卫战的胜利。

战争还在进行之际,美、英双方便在俄国的调停之下,展开了边打边谈的和平谈判。随着英军的节节败退和欧洲局势的吃紧,英国被迫决定让步。1814年12月24日,美、英在荷兰签订了《根特条约》,结束战争,恢复战前边界。

1812年战争具有深远的历史意义,也被称为"第二次独立战争"。这一战彻底打消了英国在北美洲卷土重来、收服美国的企图,巩固了美国的领土主权和北部边疆的安全,同时也让美国放弃了吞并加拿大的念头。

1815年,美英签订通商条约,确立了平等的贸易关系。美国经济取得了真正的独立,打开了通向国际市场的道路,促进了美国经济的发展。

在美国国内,战争的胜利进一步扩大了民主共和党的声势,沉重地打击了反战的联邦党人,令其一蹶不振、逐渐销声匿迹,创造了美国建国以来少有的内外和平环境。

> 詹姆斯·门罗是一个可以把整个灵魂翻亮出来、也找不到任何污点的人。
>
> ——[美]托马斯·杰斐逊

美洲人的美洲

1816 年，民主共和党总统候选人詹姆斯·门罗（James Monroe，1758—1831）以压倒性优势战胜联邦党人对手，当选为美国第 5 任总统。4 年后，门罗又几乎以全票连选连任。美国政治上出现了一个相对稳定的时期，民主共和党几乎是独步政坛。稳定的政治局面为美国政府大力推进工业革命、发展民族经济、建设公共基础设施、改进交通运输和拓展国内市场创造了良好的机遇。

与美国的稳定相反，这一时期的拉丁美洲却爆发了蓬勃而又广泛的民族解放运动。1816 年 7 月，阿根廷宣告独立。1817 年 1 月，阿根廷起义军越过安第斯山，会合当地革命军解放了圣地亚哥。1818 年 4 月，智利宣告独立。1819 年 12 月，包括委内瑞拉、哥伦比亚和厄瓜多尔等地在内的大哥伦比亚共和国宣告成立。1820 年初，西班牙和葡萄牙先后发生了资产阶级革命，为拉丁美洲的独立运动提供了更加有利的条件。1821 年，墨西哥和秘鲁相继独立。1822 年，巴西也独立了。

轰轰烈烈的拉丁美洲革命运动使西班牙和葡萄牙的殖民版图分崩离析，改变了当时的世界格局，英、法、俄等欧洲强国蠢蠢欲动，争相摆出染指拉丁美洲地区的架势。

在此情势下，美国国务卿约翰·昆西·亚当斯（John Quincy Adams）等人推动和炮制出一整套美国的拉丁美洲政策，由门罗总统在1823年12月2日向国会发表年度报告时公之于世，后世称之为"门罗主义"。

门罗主义宣布了美国在拉丁美洲问题上的立场，阐述了三个原则。一是"美洲体系原则"，所谓美洲是美洲人的美洲，自成一体，与欧洲相互隔绝；二是"互不干涉原则"，美国不介入欧洲事务，欧洲也不得干涉美洲事务；三是"不许殖民原则"，不许欧洲在美洲建立新的殖民地。

门罗主义标志着美国在对外扩张和登上世界舞台的道路上迈出了意味深长的一步。然而，当年的美国在军事和经济等实力上还远不是欧洲各个强国的对手。门罗主义在发表之后的20多年里，实际上犹如微风过耳、无足轻重，及至门罗主义成为美国外交政策的基石，在排斥欧洲势力、独霸美洲中发挥作用则要等到1840年代了。

不过，美国的海外扩张却从建国之初便开始了。

1801年5月，杰斐逊政府就派遣海军入侵北非的黎波里。

1815年3月2日，美国又对阿尔及尔宣战，逼迫阿尔及尔和突尼斯等国签订不平等商约。

1822年，美国以武力威胁从西非酋长手中低价购买了西非海岸的一片土地，以门罗总统之姓命名为"门罗维亚"，强迫美国的一些自由黑人迁居这里，建立了殖民地。门罗维亚不断扩大，1838年时改称"利比里亚"。1847年，利比里亚宣布"独立"，由美国总督出任总统，实际上仍受美国控制。

1840年6月，英国发动入侵中国的"鸦片战争"。美国派遣其东印度舰队尾随英国炮舰入侵中国内海，趁火打劫。1842年8月，英国强迫清政府签订了《南京条约》。美国随后于1844年7月3日讹诈清政府签订了《望厦条约》，首次提出所谓"利益均沾"原则，打开了西方列强瓜分中国之门。1858年四五月间，美国又伙同英、法、俄国攻陷大沽口，逼迫清政府与四国分别签订了欺诈中国的《天津条约》，加深了中国的半殖民地化。

1853年7月和1854年2月，美国海军两次入侵日本浦贺港，威逼德川幕府在神奈川谈判，于1854年3月签订了《日美亲善条约》，给予美国开港通商、设立领事馆、最惠国待遇和治外法权等权益。

> 如果政府能不偏不倚地保护每一个人,就像老天爷把阳光雨露赐给一切生灵,无论贫富都能披其恩泽,那就是人民最大的幸福。
>
> ——[美]安德鲁·杰克逊

杰克逊时期

1828年,西南边疆的行伍英雄、因坚韧固执而绰号"老核桃树"的安德鲁·杰克逊(Andrew Jackson,1767—1845)当选为美国第7任总统,给美国政治生活带来了一些新的变化。

杰克逊对美国建国以来由社会上层垄断官职的风气不以为然,主张实行官职轮流制,认为只有让官职不断流转,才能保持自由和共和体制的健康与活力。因此,杰克逊改变以往历届总统很少撤换官员的做法,淘汰腐败昏聩,大量任免官员,打破了豪门贵胄垄断官职的局面,向广大的普通人敞开仕途大门,展现了政治上的平等精神。

然而,这种初衷良好的官职轮流制后来与美国的政党政治紧密结合,官职竟成了政党机器对党徒论功行赏的工具,开创了美国政治"分赃制"的先河。

这位桀骜不驯的"老核桃树"在执政不久便搁置了正式的内

阁会议,转而向他的一帮政治密友和民间朋友寻计问策,其中包括阿莫斯·肯德尔(Amos Kendall)、艾萨克·希尔(Isaac Hill)、威廉·刘易斯(William B. Lewis)、安德鲁·多纳尔森(Andrew J. Donelson)和达夫·格林(Duff Green),因为他们常在白宫的厨房里讨论问题而被政敌们讥讽为"厨房内阁"(Kitchen Cabinet)。

"老核桃树"向普通人开放仕途之路的同时,却将成千上万的印第安人逼上了遍布苦难与死亡的"眼泪之路"。伴随着美国西进运动的迅猛发展,杰克逊政府采取了驱赶和屠杀印第安人的残暴政策。

1830年5月,美国国会通过了历史上第一个《印第安人迁移法案》,授权总统和各州用西部未建州的公地交换东部印第安人的土地,将印第安人迁移到遥远荒僻的西部去。

随后,数亿英亩的印第安人土地被"依法"剥夺,近5万名印第安人被迫西迁。到1842年时,东部和南部地区的印第安人被全部赶出了密西西比河以东地区。到1846年时,西北部的印第安人也几乎全被驱赶和迁走。到1850年时,美国政府共与印第安人签订了245个割地条约,用9000万美元强行买断了印第安人赖以生存的4.5亿英亩的土地。

1831年被迫交出家园、离乡西迁的第一个印第安人部落是居住在密西西比州东部地区的绰克托人。1832年克里克人被迫西迁。1834年奇卡索人被迫西迁。1835年切罗基人被迫西迁。杰克逊政府口头上保证印第安人自愿迁移,实际上却动用军队和民兵驱赶、押解不愿迁移的印第安人，被屠杀、虐待而惨死途中的印第安人不计其数，比如克里克人死在迁徙途中者达 3500 人，切罗基人死亡近 4000 人。

美国政府的残暴政策不可避免地激起了一些印第安部落的拼命反抗，其中尤以 1832 年的"黑鹰战争"（Black Hawk War）和 1835 年的"塞米诺尔战争"最为惨烈。

1831 年，世代居住在伊利诺伊州罗克河（Rock River）河口地区的印第安部落索克人和福克斯人被迫迁往西部的密苏里。第二年春天，由于在密苏里缺乏食物和受到敌对部落的威胁，他们在酋长黑鹰的率领下返回故地，引起伊利诺伊边疆白人居民的恐慌。杰克逊政府遂派出军队和民兵追剿这些印第安部落。当黑鹰率部西退、泗渡密西西比河之际，美军发起进攻，对印第安人不论妇孺一律杀戮，写下了西进运动中最惨无人道的一页。

自 1835 年年底开始，佛罗里达的印第安人塞米诺尔部落也对美军进行了长达 8 年之久的反抗战争，显示了印第安人不甘屈服的英勇气概。

> 美国赖以建国的一个精神基础是控制自然。约翰·亚当斯曾吹嘘说:"我家砍的树比美国其他家庭都要多!"如果知道这些树木就是这个星球的肺,没有人会认为上述扩张代表着进步。
>
> ——[美]詹姆斯·洛温

攻城略地

1783 年,美英签署结束独立战争的《巴黎条约》时,美国的版图只有大西洋沿岸的 80 多万平方英里。1803 年的"路易斯安那购买"使美国版图一下子扩大了一倍还多。此举刺激了美国扩张领土的欲望,也打通了美国向佛罗里达、得克萨斯、新墨西哥、加利福尼亚、俄勒冈和阿拉斯加扩张的道路。

1810 年 10 月 27 日,经过对西班牙统治的佛罗里达地区的多年渗透之后,美国总统麦迪逊宣布吞并密西西比河与珀迪多河(Perdido River)之间的西佛罗里达地区,并入美国的奥尔良领地(Orleans Territory),下令美军实施占领。

1819 年 2 月 22 日,内外交困的西班牙与美国签订《佛罗里达条约》,以 500 万美元的售价将密西西比河以东的全部属地和对俄勒冈地区的要求权一并卖给了美国。1821 年 2 月 22 日,条约正式生效,东、西佛罗里达共 5.8 万多平方英里的土地并入美国版图。

对于美国的领土扩张,《美国杂志和民主评论》的创刊人兼主编约翰·奥沙利文（John L. Osullivan）在1845年七八月间率先推出了所谓"天定命运"（Manifest Destiny）的扩张主义理论。振振有词地宣称,美国的创建是天定命运,美国的扩张是上天的安排,美国负有天赋使命传播民主制度,有义务强行拯救邻近国家。

"天定命运"论适应了美国扩张领土的需要,成为后来美国吞并得克萨斯、俄勒冈、侵略墨西哥和古巴、购买阿拉斯加以及吞并夏威夷的理论依据。

早在1800年之前,美国人就开始了向得克萨斯地区的渗透。1821年,墨西哥摆脱西班牙的殖民统治成为独立国家,得克萨斯成为墨西哥的一个省。但是,墨西哥的独立并不能阻止美国人的扩张和侵略。到1827年时,定居在得克萨斯的美国人已达1万人,而且美国人还带来了大量的黑人奴隶,使墨西哥的得克萨斯成为一个蓄奴省。

1835年,墨西哥军队与因关税政策而肇事的得克萨斯人发生了武装冲突。1836年3月2日,在美国人的授意下,得克萨斯人召开代表大会,宣布脱离墨西哥独立,建立"得克萨斯共和国",并征召了一支6000人的军队,由杰克逊总统的朋友萨姆·豪斯顿（Sam Houston）任总司令,与墨西哥军队作战。

4月21日,在美国军队的协助下,豪斯顿取得圣哈辛托战役的胜利,俘虏了墨西哥总统桑塔·安纳（Santa Anna）,迫使他签订了承认"得克萨斯共和国"的条约。

10月22日,豪斯顿就任"得克萨斯共和国"总统,并向美国提出加入联邦或承认其独立的要求。1837年3月3日,美国承认了"得克萨斯共和国"。但是,因为美国南北方的奴隶制之争,直到1845年12月29日,面积达39万平方英里的得克萨斯才并入美国,成为美国的第28州。

美国人对俄勒冈地区的觊觎和争夺同样由来已久。面积约55万平方英里的俄勒冈地区约为原北美13州的1.5倍之大,包括现今加拿大的不列颠哥伦比亚特区和美国华盛顿州的一部分以及蒙大拿州、爱达荷州和俄勒冈州。

历史上,参与争夺此地的有西班牙、英国、俄国和美国。1820年12月9日,根据来自弗吉尼亚的国会议员约翰·弗洛伊德(John Floyd)的提议,美国国会组织了一个调查太平洋沿岸拓殖情况及如何占领哥伦比亚河的专门委员会,弗洛伊德任委员会主席,因其对争夺俄勒冈的贡献后来被称为"俄勒冈之父"。随后,美国人加紧了对俄勒冈地区的拓植活动。

1834年7月5日,美国殖民者和传教士在威拉米特河谷(Willamette Valley)的香波爱格成立了俄勒冈领地临时政府。1844年时俄勒冈地区的美国人已近6000人,英国人约750人。1846年6月15日,英美两国签订《俄勒冈条约》,以北纬49度为英美在俄勒冈地区的分界线,美国获得了285500平方英里的新国土。1848年8月美国设立俄勒冈领地政府。1853年分出北半部地区单列华盛顿领地。1859年2月14日，俄勒冈正式加入联邦，成为美国第33州。

位于俄勒冈南面的加利福尼亚原本是墨西哥共和国的一个省。1841年开始有美国拓荒者进入此地。到1846年时，在南北绵延500多英里的加利福尼亚谷地，美国商人和殖民者至多约500人，而当地的墨西哥人约8000多人，印第安人2.4万多人。

得克萨斯"独立"后，墨西哥不满美国的侵略行径而与之断交。但是，美国仍对墨西哥步步紧逼，不断提出割让土地的无理要求，伺机侵略加利福尼亚。1845年11月，美国总统詹姆斯·波尔克（James Polk，1795—1849）派往墨西哥要求割让领土的特使被拒之门外，美军随即进兵美墨边界的争议地区。

1846年4月24日，抗议无效的墨西哥也出兵越过格兰德河，进入争议地区，并与一支有60多人的美军骑兵遭遇，美军战死3人，其余被俘。美国立即抓住开战借口，于5月13日正式对墨西哥宣战。

7月7日，美国太平洋舰队攻占蒙特雷（Monterey），数日后又攻占了旧金山（San Francisco）。1847年1月，美军占领洛杉矶（Los Angels）。

1847年9月7日，美军攻占墨西哥首都。1848年2月2日，美墨签订《瓜达卢佩—伊达尔戈条约》，墨西哥割让出55%的领土给美国，包括如今的加利福尼亚州、内华达州、犹他州、亚利桑那州、新墨西哥州、科罗拉多州和一部分怀俄明州在内的52.9

万平方英里的土地；美国付给墨西哥 1500 万美元补偿费。

1853 年 12 月 30 日，美国又用 1000 万美元购买了梅西拉河谷（Mesilla Valley）2.964 万平方英里的墨西哥领土。

> 奴隶制的美国好比是一棵看起来美丽茂盛的花卉得了烂根病。
>
> ——［美］卡尔·戴格勒

南部奴隶制与废奴运动

美国独立战争前夕，北美殖民地已有约 60 万黑人，占总人口的 1/5，其中约 55 万是黑人奴隶，他们大多数居住在南部地区，在马里兰到佐治亚的各地烟草种植园和农场中劳作。

随着独立战争的爆发，人权思想逐渐在美国流行开来。加上烟草种植到 18 世纪末 19 世纪初期已变得无利可图，奴隶制在美国开始日渐衰微，走向没落。

不料，19 世纪初美国南部又兴起了棉花种植业，竟然带动奴隶制起死回生、再度风行南部地区，并且急剧膨胀起来，疯狂地向西部地区扩张领地，建立起更多的种植园和新的蓄奴州。奴隶需求量猛增，价格飞涨，奴隶贸易也卷土重来。

为了遏制奴隶制在美国的蔓延，1807 年联邦国会通过了《禁止国际奴隶贸易法令》。然而，走私奴隶仍然不绝于途，国内奴隶贸易更是有增无减，比如，弗吉尼亚州在 30 年的时间里竟然繁殖、出口了近 30 万奴隶。

1819 年，位于中西部的新州密苏里申请加入联邦，引发了美国南方与北方之间第一次重大的公开的政治冲突。当时,美国南方和北方各有 11 个州,在国会中各有 22 名参议员,政治势力旗鼓相当。密苏里作为蓄奴州还是自由州加入联邦,成为政治上举足轻重的大事。

经过 1 年多的斗争,直到 1820 年从马萨诸塞州分离出来的缅因州也申请加入联邦时,南北双方才达成了美国历史上著名的《密苏里妥协案》。为了维持美国参议院的均势,密苏里和缅因分别作为蓄奴州和自由州加入联邦。同时,还规定其余西部未建州的领地以北纬 36 度 30 分为界,界限以南保持奴隶制,界限以北禁止奴隶制。

南部奴隶制社会的真正统治者是一伙总计不过几千人的大奴隶主。这些有权有势、专横暴虐的大奴隶主们主宰着包括北卡罗来纳、南卡罗来纳、佐治亚、佛罗里达、亚拉巴马、密西西比、得克萨斯、阿肯色、密苏里和田纳西州等广大南部地区的经济命脉、政治事务和社会生活。

处在奴隶制之下的黑人奴隶只是奴隶主会说话的"财产",可以随心所欲地处置和买卖。奴隶主用于管制奴隶的刑具从鞭子、锁链、口衔、拇指夹、颈手枷到猎刀、警犬和枪械等等无所不有。每逢奴隶主和监工丧心病狂之时,奴隶们之凄惨和痛苦的处境真是远不如普通的家畜,被活活打死、烧死、绞死的男女奴隶屡见不鲜。

不难理解,逃跑成了奴隶们抗争悲惨命运的自然选择。1810

至1850年间，从美国南部逃到北部和加拿大的奴隶达10万多人。主张废除奴隶制的进步人士也在暗中帮助和组织奴隶们逃跑，并且逐渐形成了被称为"地下铁道"的帮助奴隶逃往北方的交通网络。据估计，参与"地下铁道"工作的废奴主义者和奴隶同情者约有3200人，他们成功地组织和护送了7.5万奴隶逃到了北方。

与此同时，美国的废奴运动也在如火如荼地发展着。1821年，新泽西州的教友派商人本杰明·伦迪创办了著名的废奴主义报纸——《普遍解放思潮》。1831年，伦迪的学生和助手威廉·劳埃德·加里森（William Lloyd Garrison）又创办了驰名远近的废奴刊物——《解放者》。1833年，加里森与其他废奴运动领袖阿瑟·塔潘、西奥多·韦尔德、詹姆斯·伯尼等人组织了全国性的"美国反奴隶制协会"。到1838年时，该协会设立分会1350个，会员达25万人，推动废奴运动在美国北部迅速发展。这期间，哈丽雅特·比彻·斯托夫人的《汤姆叔叔的小屋》也在美国成为脍炙人口的废奴主义作品。

1840年，废奴主义者还在纽约州的奥尔巴尼成立了美国第一个废奴主义政党——自由党，并且提名詹姆斯·伯尼参加了当年的美国总统大选。

1854年5月，公然违反《密苏里妥协案》的《堪萨斯—内布拉斯加法案》在国会获得通过，蓄奴州和自由州开始争先恐后地向堪萨斯地区移民，以便在所谓"居民自决蓄奴与否"的斗争中占据优势。

1856年5月21日,750名奴隶主暴徒袭击了堪萨斯地区的劳伦斯镇,绑架自由移民领袖,烧杀抢掠,无恶不作。5月24日,著名的白人废奴主义者约翰·布朗率领他的儿子和战友投入堪萨斯人民的反奴隶制战斗,处决了5名奴隶主暴徒。此后直到9月15日,自由移民与奴隶主分子的流血冲突不时发生,先后约有200人丧生,历史上称为"血染堪萨斯"或"堪萨斯内战"。

1859年10月16日至18日,约翰·布朗在弗吉尼亚州发动了震惊全国的反奴隶制起义——约翰·布朗起义。虽然起义被很快镇压了,但是,布朗和他的战友们却用鲜血和生命为南方的奴隶制敲响了丧钟。

我曾相信，我们都是自己命运的主人，我们可以随意塑造自己的生活。我克服了盲聋的障碍，这给我带来足够的快乐。我曾以为，只要投入到生活的抗争中，任何人都能取得胜利。但是，随着走访美国越来越多的地方，我现在懂得了，在这个世界上，不是每个人都能得到往上爬的能力。

——［美］海伦·凯勒

美国内战

1860年的美国总统大选是一次具有鲜明地域色彩的选举。

共和党主要代表北方工商业资产阶级，反对向各领地扩张奴隶制，但是却不准备干涉各州的奴隶制；而主要代表南方奴隶主阶级的民主党，坚决维护奴隶制，并且不惜以南部各州退出联邦相威胁。

1860年11月6日，共和党总统候选人亚伯拉罕·林肯（Abraham Lincoln，1809—1865）没有得到南部10个蓄奴州的任何选票，但是赢得了18个自由州中17个州的多数票，最终以绝对优势当选美国第16任总统。

林肯的当选令美国南部的奴隶主们惊恐不安，沮丧绝望。1860年12月20日，狗急跳墙的蓄奴州南卡罗来纳率先铤而走险，宣布退出联邦。1861年1月，密西西比、佛罗里达、阿拉巴马、佐治亚和路易斯安那等州相继宣布退出联邦。2月1日，得克萨斯州也宣布脱离联邦。

2月4日，在南卡罗来纳州的提议下，密西西比、佛罗里达、亚拉巴马、佐治亚、路易斯安那和南卡罗来纳6个州的42名代表在亚拉巴马州的蒙哥马利市集会。2月8日，会议宣布成立"美利坚诸州同盟"，简称"南部同盟"。2月9日，推选密西西比州参议员、种植园奴隶主杰斐逊·戴维斯（Jefferson Davis, 1808—1889）为南部同盟的临时总统，并通过了维护奴隶制度的《同盟宪法》。

1861年3月4日，林肯宣誓就任美国总统的当天，便接到南部叛军围困南卡罗来纳州萨姆特要塞的消息。4月12日，南部叛军向萨姆特要塞发起炮击。两天后，联邦守军撤走，要塞陷落，美国内战正式开始。

内战之初，南部诸州宣称为建立一个"大奴隶制共和国"而战，北部则宣布为恢复联邦的统一而战。在双方的力量对比上，北部占有绝对的优势，拥有全国34个州中的23个州，占有全国3/4的领土，自由人口约2200万人，掌握着差不多全部的美国军火、钢铁和纺织等轻重工业，仅纽约一州的工业产值就4倍于南部诸州的总产值；而南部只有545万自由人口和352万奴隶，但是，当时南部拥有更多的军事人才，其独裁体制也比北部的民主政治更易于进行战争动员，还占有在南部土地上作战的地利之便。

7月21日,仓促南进的联邦军遭遇南部同盟军的猛烈阻击,致使布尔河战役失利。联邦政府上下震惊,打消了3个月内速胜的预想,准备长期作战。7月24日,林肯总统授权乔治·麦克莱伦(George Brinton McClellan,1826—1885)指挥华盛顿军区。麦克莱伦随即对波托马克军团进行扩编和集训。但是,他拖延畏战,一连数月按兵不动。10月下旬,联邦军又在波托马克河一线连遭重创。11月1日,温菲尔德·斯科特(Winfield Scott,1786—1866)退休,政治上保守、军事上缺乏建树的麦克莱伦又被提升为陆军总司令。

1862年2月,西部的联邦军在尤利塞斯·格兰特(Ulysses Simpson Grant,1822—1885)将军率领下接连夺取了亨利堡(Fort Henry)和道纳尔逊要塞(Fort Donelson),控制了田纳西州。4月6日,格兰特部又在西洛(Shiloh)击败南军,进一步扩大了西部战场的战果。

在南部战场上,本杰明·巴特勒(Benjamin F. Butler,1818—1893)将军在联邦海军的配合下于5月11日攻占了南部重镇新奥尔良(New Orleans)。

而东部战场上的麦克莱伦依旧畏惧不前,林肯总统气愤地解除了他的陆军总司令职务,但仍令其指挥波托马克军团。迫于压力,麦克莱伦挥军南下。6月26日至7月2日,波托马克军团与罗伯特·李(Robert Edward Lee,1807—1870)和托马斯·杰克逊(Thomas Jonathan Jackson,1824—1863)指挥的南军在里士满

（Richmond）城外进行了"七日战役"（Seven Day's Battles），结果联邦军战死1734人，打伤8062人，失踪6053人，南军战死3478人，打伤16261人，失踪875人。南军乘联邦军溃败之机，乘胜渡过波托马克河，北进马里兰州，威胁首都华盛顿。

9月17日，兵力2倍于敌的联邦军在安提塔姆（Antietam）阻击南军，双方伤亡惨重，联邦军战死2018人，打伤9549人，南军战死2700人，打伤9029人。昏聩的麦克莱伦未使用预备队，致使南军得以维持战线并于18日安然撤走。10月6日，林肯总统命令麦克莱伦追击，但是麦克莱伦寻找借口拖延不前。11月7日，林肯总统免除了麦克莱伦的指挥权。

随着内战的深入，联邦政府通过了一系列进步的立法。1862年3月10日，国会以压倒多数通过了禁止使用军队捕捉和引渡逃亡奴隶的法案。4月16日国会通过了在首都地区禁止奴隶制的法案。5月20日，林肯总统签署了《宅地法》，规定自次年元旦起，凡年满21岁的美国守法公民只要交纳10美元登记费，就可以领到160英亩的国有土地，耕种满5年后就可以得到这块土地的所有权。《宅地法》堵塞了奴隶制向西部扩张的道路，得到了广大民众特别是西部人民的热烈支持。

6月19日，国会又宣布在各准州和所有未来新领地上废除奴隶制，进一步限制了奴隶制的发展。7月14日，国会宣布接纳西弗吉尼亚（West Virginia）加入联邦，并在该州逐步废除奴隶制。7月17日，国会又通过了《没收法案》，规定没收叛乱者的所有财产，其奴隶解放为自由人，并授权总统可以使用被解放的奴隶去镇压叛乱。同日通过的《民兵法案》还规定，凡逃入并投效联邦军队的叛乱者之奴隶，其本人和家属都解放为自由人。

9月22日，借安提塔姆战役胜利之机，林肯总统在内阁会议上宣读了他早已修改多次的奴隶《初步解放宣言》。9月24日，又将这份《初步解放宣言》公之于世。1863年1月1日，林肯总统正式颁布《解放宣言》，宣布当时仍在叛乱各州及地区的所有奴隶都应永远获得自由。

《解放宣言》发表后，南部黑人大批逃亡北部，并踊跃参军。到1863年10月，联邦军共组建了58个黑人军团，黑人士兵达37482人，成为一支英勇顽强的战斗力量。

1862年11月7日，麦克莱伦被解职后，安布罗斯·伯恩塞德（Ambrose Everett Burnside，1824—1881）接任波托马克军团司令。伯恩塞德的战略重点仍然是进攻里士满，而不是打击罗伯特·李统帅的南军主力。罗伯特·李从容调兵，于12月13日在弗雷德里克斯堡（Fredericksburg）以7.5万南军击溃11.3万联邦军。

1863年1月25日，约瑟夫·胡克（Joseph Hooker，1814—1879）取代伯恩塞德出任波托马克军团司令，继续执行进攻里士满的战略。5月2至4日，胡克的13万大军在昌斯勒维尔（Chancellorsville）被罗伯特·李不足6万人的南军击败。联邦军1575人战死，9594人受伤，南军也付出了惨重的代价，战死1665人，9081人受伤，"石壁将军"托马斯·杰克逊被自己人误伤致死。

1863年3月3日,联邦国会通过了《征兵法》,规定凡年龄在20至45岁、身体健全的男子均有服兵役的义务,将美国的志愿兵役制改变为义务兵役制,为战争的最终胜利提供了充足的兵源保障。到当年底,联邦兵力增至91.8万人。相比之下,南部同盟早已感到兵源枯竭。1862年4月即已实行义务兵役制,但是逃避兵役和军中开小差者比比皆是,累计多达几十万之众。同时南部各地黑奴起义不断,内战期间逃亡北部的黑奴多达50余万人。

1863年6月3日,罗伯特·李率领7.3万名南军乘胜北进宾夕法尼亚。林肯总统指示胡克集中力量打击李军,但是胡克坚持进攻里士满,并以辞职相抗。于是,林肯总统调派乔治·米德(George G. Meade,1815—1872)接替胡克,率军寻敌作战。6月30日,两军在葛底斯堡(Gettysburg)遭遇,随即展开美国内战中最惨烈的葛底斯堡大会战。鏖战至7月3日,南军战死3903人,打伤和失踪约2.4万人,损失兵力1/3,罗伯特·李下令撤退。林肯总统指示米德追击,力争彻底歼灭李军。但是天降大雨,米德追击不力,李军渡过波托马克河,逃回了弗吉尼亚。这一战,联邦军也付出了沉重的代价,3155人战死,约2万人受伤和失踪。不过,这一战成为美国内战的决定性转折点,联邦军从此开始全面反攻。

葛底斯堡大捷的次日,1863年7月4日,格兰特将军攻克了密西西比河上的重镇维克斯堡(Vicksburg),俘虏南军3万多人,全面控制了整条密西西比河,将南部同盟拦腰切断,阻断了西部地区对南部同盟的一切补给。在外交上，葛底斯堡大捷和维克斯堡大捷使欧洲列强认识到南部的失败已成定局，从而令南部同盟在国内外陷入彻底的孤立。

1863年11月19日，为了祭奠葛底斯堡战役的英灵，林肯总统来到葛底斯堡战场，发表了著名的《葛底斯堡演说》（Gettysburg Address），赞扬了阵亡的将士们，并激励人民为"自由的新生"和"民有、民治和民享的政府"的永存而奋斗下去。

1864年3月9日，新任陆军总司令格兰特将军指示威廉·谢尔曼（William T. Sherman，1820—1891）将军挥师10万"向海洋进军"，打进南部，消灭南军有生力量，摧毁南部的作战资源。5月7日，谢尔曼大军从查塔努加（Chattanooga）出发，轻装快进，绕敌前进，迅速突进佐治亚，令南军措手不及、据守失据、一路溃退。9月2日，谢尔曼军攻占南部重镇亚特兰大（Atlanta）。休整之后，谢尔曼大军于11月16日再次大举南进，所到之处烧毁粮食、杀死牲畜、拆除铁路桥梁、捣毁机器厂房、扫荡一切作战物资。12月22日，谢尔曼军占领萨凡纳（Savannah），完成了对南部同盟在经济和战略上的毁灭性打击。

1864年11月8日，林肯总统战胜民主党总统候选人麦克莱伦，再次当选为美国总统。1865年1月1日，在林肯总统的极力推动下，联邦众议院通过了《宪法第13条修正案》，以宪法的形式确定了解放奴隶的措施。到当年年底，该修正案获得3/4以上州的批准而正式生效，奴隶制在美国被彻底埋葬。

1865年2月至4月，谢尔曼大军从萨凡纳北上，再次横扫南、北卡罗来纳。与此同时，格兰特大军11.5万人在3月中旬将罗伯特·李的5.4万南军主力围困在彼得斯堡（Petersburg）。4月2日，李军突围、逃出彼得斯堡，南部同盟首都里士满陷入混乱，奴隶主们争相逃命。4月3日，联邦军开进里士满。4月8日，李军残部约3万人在距离里士满80英里的阿波托马克斯（Appomattox）再度陷入7万联邦军队的包围。4月9日，大势已去的罗伯特·李率军向格兰特投降。

4月18日，约瑟夫·约翰斯顿（Joseph Eggleston Johnston，1807—1891）率3.7万南军在北卡罗来纳州达勒姆（Durham）向谢尔曼将军投降。5月10日，南部同盟总统杰斐逊·戴维斯在佐治亚被俘。5月26日，南军最后一支部队在新奥尔良投降。至此，美国内战以联邦政府和北部工业资产阶级的全面胜利而告终。

4月11日，林肯总统发表了他生前的最后一次公开演讲，重申了对战败的南部实行宽容的政策。提出只要有1/10的南部白人宣誓效忠、组成州政府便可以重新加入联邦，甚至对内战主犯戴维斯及其内阁成员也全部赦免，主张不要迫害或杀害过去的敌人。

4月14日，在他的最后一次内阁会议上，林肯总统再次重申了对南部的宽大政策，并做出取消对南部封锁的决定。

当晚，林肯总统偕夫人来到华盛顿的福特戏院观看演出《我们美国兄弟》，22点15分，一个支持南部叛乱的演员约翰·威尔克斯·布思（John Wilkes Booth，1838—1865）混进了林肯总统的包厢，从背后开枪刺杀了林肯。不省人事的林肯总统被转移到对街的一处私宅，次日清晨 7 点 30 分逝世。

在 1860 年至 1898 年这不到 40 年的时光里，美国实现了空前的跳跃式大发展，历史学家援引马克·吐温（Mark Twain）的同名小说称这一时期为"镀金时代"。通过内战，美国解决了南部与北部两种社会制度的冲突，废除了奴隶制，为自由资本主义在美国的全面发展扫清了道路。重新统一后的美国，在实现第一次工业革命后又迅速实现了第二次工业革命，从农业国顺利转变为工业国，经济飞速发展，跃居世界前列，为现代美国的到来奠定了坚实的基础。

我回到南方，回到了童年生活过的地方，要尽力弥补战争撕开的裂口。

——［美］安德鲁·约翰逊

南部的重建

1865年4月15日，林肯总统逝世的当天，副总统、民主党人安德鲁·约翰逊（Andrew Johnson，1808—1875）成为美国第17任总统。

5月29日，约翰逊总统公布《重建宣言》，赦免拥有2万美元以下纳税财产的所有叛乱者，恢复其奴隶之外的所有财产权利。至于不在赦免之列的叛乱者，需要提出申请后由总统予以特赦。随后，约翰逊特赦了提出申请的1.5万人中的1.35万人，几乎宽恕了所有叛乱者。

为了避免国会的干预，约翰逊总统利用国会休会期间加紧推行其排斥黑人的南部重建计划。到1865年年末，南、北卡罗来纳、佐治亚、密西西比、得克萨斯、亚拉巴马和佛罗里达等7个州在完全排斥黑人的情况下，选出了联邦参议员、众议员，修订了州宪法，组成了由南部同盟旧官员和种植园主操纵的州议会和州政府。

南部政治出现了某些反动和倒退，逃亡的奴隶主重返故地，索回被没收的财产。南部各州在批准《联邦宪法第13条修正案》的同时,又先后制定了限制黑人自由与民主权利的《黑人法典》。规定黑人没有选举权、参政权和陪审权等,黑人不得拥有土地,无权自由选择职业,不得从事独立的经济活动,不许自由迁徙和选择居住地点,等等。其中,黑人不得随意接近白人,不得以表情、言语和行为"侮辱"白人等种族隔离规定,后来又演变成臭名昭著的"吉姆·克劳法"。

1866年夏季,田纳西州的一些原南部同盟退伍军官组建了白人种族主义恐怖组织——三K党(Ku Klux Klan),后来成为南部民主党支持的半军事组织,以前南部同盟官兵为骨干,专门杀害黑人和南部进步力量。约翰逊政府对南部地区不断发生的残杀黑人事件置若罔闻,令南部的反动势力有恃无恐。

针对南部诸州的反动行为,联邦国会中的共和党温和派和激进派提议并推动国会于1866年3月14日通过了《公民权利法案》。法案规定,除不纳税的印第安人以外,美国所有的合法居住者不论种族、肤色、居住地和是否曾为奴隶,均视为美国公民并享有平等的公民权利;任何州与任何人均不得以任何法律、规章或惯例为借口剥夺公民的正当权利。法案提交白宫后,被约翰逊总统以"偏袒黑人"为由否决了。4月9日,国会又以2/3多数驳回了总统的否决。6月13日,国会又通过了以《公民权利法案》为基础制定的《联邦宪法第14条修正案》。

1867年6月,顽固、偏狭的约翰逊总统为了加强南部的州权，竟然违反《军队指挥权法》，直接向南部 5 个军区发布了削弱司令官权力的命令，随即又罢免或调离了同情和支持进步力量的军区司令。8 月 12 日，约翰逊总统又违反《官职任期法》，罢免支持进步力量的陆军部长埃德温·斯坦顿（Edwin M. Stanton, 1814—1869），斯坦顿拒绝离职。

1868 年 1 月 13 日，美国参议院驳回了约翰逊总统撤换陆军部长的决定。2 月 21 日，约翰逊总统无视国会的决议，强行任命洛伦佐·托马斯为临时陆军部长，令其接管陆军部，斯坦顿坚持拒不离职。

1868 年 2 月 24 日，被约翰逊总统激怒的国会通过决议，启动了对约翰逊总统的弹劾。3 月 4 日，众议院向参议院提交了弹劾文件，指控约翰逊违反《官职任期法》《军队指挥权法》和蓄意藐视国会等 11 项罪行。3 月 5 日，由最高法院首席大法官萨蒙·蔡斯（Salmon Portland Chase, 1808—1873）主持，参议院开始审理弹劾案。5 月 16 日和 26 日，参议院进行了两次表决，最终以 1 票之差、不足 2/3 多数弹劾失败，宣判约翰逊无罪。

1868 年 11 月，46 岁的美国内战英雄尤利塞斯·格兰特（Ulysses Simpson Grant, 1822—1885）将军当选为美国第 18 任总统，成为当时最年轻的一位总统。

然而，这位战场上的名将，在政治上却很无能。格兰特政府对南部的反动势力依旧是一再地退让，经济上又是贪污舞弊案、腐败丑闻接连不断，执政 8 年鲜有建树，乏善可陈。

1876年，拉瑟福德·海斯（Rutherford Birchard Hayes，1822—1893）当选为美国第19任总统。海斯就职后，根据大选中与民主党达成的秘密政治交易"海斯—蒂尔登妥协"，立即从南卡罗来纳、路易斯安那和密西西比州撤出联邦驻军，将三州政权拱手让给民主党，致使民主党重新掌握了南部各州的政权，南部的重建工作以南北双方的妥协而结束。

重建后的南部，种族主义势力依然强大，种族隔离依旧严重，黑人处境甚少改变。农业上盛行谷物分成制，走上了缓慢而痛苦的"普鲁士式"的资本主义农业发展道路。工业上对北部垄断资本的依赖不断加强。整个经济结构缺乏弹性与活力，使得南部经济远远落后于全国。1880至1900年间，南部的人均收入只及全美人均水平的51%。

英国人使用机器来降低工资，而在美国，机器意味着提高工资和缩短工作时间。

——［美］W.C. 斯坦德曼

高速发展的美国经济

内战结束后，美国加快了工业化的脚步，经济开始出现前所未有的高速增长。1860年代初期的美国，基本上还是一个经济上依附于欧洲的农业国。但是到了1890年代末期，美国的工业产值已经跃居世界首位，并且形成了比较完整的工业体系，经济形态开始向垄断资本主义过渡。

内战期间，1862年5月20日，林肯政府颁布的《宅地法》对战后美国经济的起飞发挥了巨大的作用。首先是在经济上迅速地展开了广大的西部疆域，吸引众多人口大举西迁，形成了大批的西部宅地农场主，既为工业发展提供了原料和粮食，又极大地延展了国内市场，使整个的美国经济体得以快速、成倍地放大。

其次，还直接地推动了美国工业的迅猛发展。美国政府对各家铁路公司和土地投机公司馈赠了大量的土地，这些赠地被大公司高价转手零售，由此获得的巨额资本金又被投入铁路铺设或西部矿山开发，或者转而投资于东部的制造业。

同样也是在内战期间，1864年2月25日，联邦国会通过了《国民银行体系法》，使美国历史上第一次出现了统一的通货，初步建立起一体化的金融体制。此前，美国各地滥设私立银行和州立银行，致使通货混乱、储蓄缺乏保障、信用不良、金融不稳。此后，大多数州立银行均转变为由国会颁发执照的国民银行，金融市场逐步稳定下来。

1869年以后，美国银行的资本积累率高达每10年45%—60%的增幅，吸收外国资本也从1869年的15亿美元增至1897年的34亿美元，有力地缓解了美国经济高速发展所带来的资金短缺。

1860年以后，联邦政府又将外贸关税大幅度提高，并长期保持高关税壁垒，排斥欧洲工业品的竞争，扶持民族工业占领国内市场。同时，拆除各州之间的贸易壁垒，鼓励国内竞争与商品的自由流通，提升国货的质量与国际竞争实力。

1879年以后，美国国际贸易开始以顺差为主，并且出现了农产品和原料出口下降、工业品出口上升的贸易结构变化，这说明美国经济已经开始摆脱对欧洲工业的依赖，转而逐渐形成自己的工业体系。

另外，1864年《移民法》通过后，大量的青壮年移民源源不断地涌进美国，平均每年37万人之多。到1900年时累计吸纳新移民1300多万人，美国人口从1860年的3150万人猛增至1900年的7600万人，超过了当时的主要欧洲大国。这既为美国经济储备了充足的劳动力资源，也为美国经济的国内市场容量和对外经济扩张准备了巨大的潜力。

同时，联邦政府还对工业技术的自主研发与国外引进倾注了不懈努力。1880至1900年间，美国专利局每年签发的技术专利特许证书都保持在1.5万至2.5万件。1883至1900年间，美国每年签发给外国人的专利证书也在1200件以上，积极地引进外国的先进技术。完备而又高效的专利制度保障了美国工业技术的快速进步，不仅不落后于欧洲，而且在许多领域引领世界之先。尤其是以电力为代表的一系列新兴工业的崛起，使美国在19世纪末完成第一次工业革命的同时，又率先展开了第二次工业革命的浪潮。

1870年，托马斯·爱迪生（Thomas Alva Edison，1847—1931）创办了爱迪生公司。1879年10月21日，爱迪生研制成功世界上第一只白炽电灯泡，随后他又发明了发电机、馈电线和配电系统。

1875年，康涅狄格州的卫斯理大学创建了美国第一座农业试验站。随后各州纷纷仿效，对美国农业技术的发展起到了巨大的作用。

1876年3月10日，苏格兰侨民亚历山大·贝尔（Alexander Graham Bell，1847—1922）及其助手在波士顿研制成功世界上第一部实用电话机。1880年贝尔电话公司成立，开始大规模推广电话事业，美国很快便成为世界上电话使用最普遍的国家。

1896年无线电通信也走出实验室，进入实际应用领域。通信技术的进步使美国经济结合得更为紧密，推进了集中与垄断企业的形成。

到1890年代末，美国的主要城市全都兴建了发电厂，大企业普遍应用电力作为能源。铁路上也采用了电力信号系统，城市生活中出现了电灯、电话、电车、电扇和电动缝纫机等家用电器。电力技术的突破与电的广泛应用加快了美国的工业化进程，并且使之迅速赶上和超过了使用蒸汽动力的英、法、德等老牌欧洲工业国。

1893年9月21日，杜里埃兄弟研制成功美国第一辆单汽缸内燃机汽车。1896年，亨利·福特（Henry Ford，1863—1947）研制出时速25英里的汽车。1903年福特汽车公司成立，1909年开始大规模生产"T型汽车"（Model T），美国汽车工业逐渐形成。

伴随着新技术在各个经济领域中的广泛应用，美国经济取得了惊人的发展。1860年时，美国的工业产值还不到英国的一半，在主要工业国中排名第四。而到了1890年时，美国工业产值已经世界第一，约为世界工业总产值的1/3，钢铁、石油和煤炭等产量均高居世界前列。国民人均产值也从1870年的531美元增长到1900年的1000美元。

1884年美国工业产值首次超过农业，开始从农业国转变为工业国。全国铁路网从1870年的5.3万英里猛增到1900年的近20万英里，约为当时世界铁路总里程的1/3，超过欧洲铁路里程的总和。

105

走进国会的人不再是思想的代表,而是作为某个特殊利益集团的代表来到华盛顿的。他们从股东董事会那里获得指示,从一个工厂的角度考虑整个国家;而这个国家则用物质成功来回报和评价他们。

——[美]亨德里克·威廉·房龙

20 世纪初叶的美国

伴随着第二次工业革命的全面展开和迅速完成,美国基本实现了工业化、城市化和向垄断资本主义的过渡,从一个新兴的资本主义国家崛起为世界一流的经济大国和军事强国,并且越过大西洋和太平洋向全球扩张,逐步取代昔日霸主英国,成为新的世界霸主。

工业革命的完成是 20 世纪初叶美国的主要特色。这首先体现在动力上的变革。1860 年时,美国经济中非人力动力的 2/3 依然是畜力,而 1890 年时美国总动力的 60% 已经是改进了的蒸汽动力,到 1900 时电力和内燃机开始成为主要的动力。1919 年时,电力构成了全国总动力的 1/3。

与此同时,钢铁、石油、化工、汽车和通信等现代工业的全面展开也成为工业革命的骄人成果。1899 年美国生铁产量占到世界总产量的1/3，钢产量则占到43%。1900年美国石油产量达到6362万桶，炼油技术取得突破性进展，相关的化学工业成为独立的工业部门。汽车工业开始迅速崛起，1909年每辆汽车售价降到360美元，1920年仅福特汽车公司一家年产汽车即达125万辆，成为世界上最大的汽车公司。1910年无线电广播出现，电子管时代来临，这一年美国的电话保有量达到700万部。

工业革命的完成使美国成为世界上机械化程度最高的国家。1865至1900年间，美国工业产值增长了500%。1890年工业产值首次超过了农业产值，1900年工业产值已是农业产值的2倍还多。1894年，美国工业产值首次跃居世界第一位。1902年，美国研制成功第一台汽油拖拉机。随后的10多年里，各种农业机械都被陆续发明和应用到农业生产之中。到1910年时，美国小麦产量已达1632万吨，成为世界上最大的小麦供应国。同时，玉米、棉花、乳牛、家禽和蔬菜、水果等产量也高居世界前列。

在企业形式上，大企业也迅速取代小企业成为美国经济的主导力量。到1900年时，大企业生产了美国工业品的2/3。1882年，美国出现第一家企业托拉斯——美孚石油公司，控制了美国产油区的各大铁路，拥有四通八达的输油管道和巨型仓库、码头、油轮，掌握了全美国90%的石油。随后，榨油、炼铝、酿酒、烟草和屠宰等行业也出现了托拉斯。

1898年奥蒂斯电梯公司几乎生产了世界上所有最高建筑物的电梯。1900年3家最大的人寿保险公司拥有全美同业资产及保单的50%以上。1901年银行家约翰·皮尔庞特·摩根（John Pierpont Morgan，1837—1913）组建美国钢铁公司，控制了美国60%的铁路、66%的钢铁生产和50%的钢铁预制品，成为美国第一个资产达到10亿美元的公司。

1904年时，7家最大的托拉斯握有全美1/3的资金，占企业总数2.2%的大型企业产值占制造业的49%，雇用了业内职工总数的1/3。1910年，4家铜业托拉斯生产了全美75%的铜产品。1913年，福特汽车公司生产了全美50%的汽车。

而美国最有实力的八大财团也在20世纪初期形成了。这八大财团是：摩根财团、洛克菲勒财团、库恩—罗比财团、梅隆财团、杜邦财团、芝加哥财团、克利夫兰财团和波士顿财团。依附于这八大财团的还有一些中小财团。掌握着美国经济命脉的八大财团的形成，标志着美国垄断资本主义的基本确立。这些财团不仅支配着美国的国民经济，还干预政治，操纵政府，将其触角伸向全社会的每一个角落。

与经济上的集中化相伴，美国的人口也向城市集中，城市化进程到1920年左右便初步完成了。1860年时，美国总人口3149万人中只有620万人居住在城市里，占19.8%；而1900年时，7590万美国人中已有3010万为城市人口，占39.7%；1920年时，1 0570万总人口中5410万为城市人口，占51.2%。星罗棋布的美国大中小城市已经逐步变成了美国政治、经济、社会和文化活动的中心。

> 我曾见过成堆的尸骨，不想再看到它们。
>
> ——［美］威廉·麦金莱

美西战争

20世纪初叶，在经济实力和军事实力上已经跃居世界首位的美国重整旗鼓、雄心勃勃地踏上了对外扩张之路。临近美国的加勒比海地区和太平洋地区首先成为美国的扩张重点，而老牌殖民强国西班牙则成了美国扩张道路上的直接障碍。

1895年，古巴（Cuba）人民发动了反对西班牙殖民统治的起义，次年被西班牙镇压。美国政府开始打着同情古巴人民的旗号，向西班牙提出抗议，伺机夺取西班牙的海外殖民地。

1898年美国借口保护侨民派遣"缅因"号战舰（Battleship Maine）进入哈瓦那港（Havana Harbor）。同年2月15日，"缅因"号战舰在哈瓦那被水雷炸沉，350名美军官兵伤亡，美国随即掀起声讨西班牙的浪潮。

美国总统威廉·麦金莱（William McKinley，1843—1901），因为目睹了内战的残酷，不喜欢战争。以西奥多·罗斯福为代表的主战派们对麦金莱缺乏战斗精神感到很不耐烦。罗斯福抱怨说，麦金莱的"脊梁骨软得像巧克力蛋糕"。

一天，一位参议员怒气冲冲地闯进国务院，大声叫着："你们的总统不知道宣战的权力在哪里吗？告诉他，如果他还无动于衷，国会就会撇开他行使宣战的权力。"

好战的喧嚣不断地在全国蔓延，最终这种喧嚣也强烈地感染了麦金莱。4月11日，麦金莱总统要求国会授权使用武力，以保证古巴获得自由。4月19日，国会通过决议，授权总统武力迫使西班牙放弃对古巴的统治。4月24日，西班牙对美国宣战。4月25日，美国正式对西班牙宣战。

1898年5月1日，美国太平洋舰队在菲律宾的马尼拉海湾（Manila Bay）击溃西班牙舰队，随后联合菲律宾起义军攻占了马尼拉。

6月14日，美国陆军在古巴登陆。7月3日，美国海军在古巴的圣地亚哥港（Santiago）击溃西班牙加勒比海舰队。7月17日，美军攻占圣地亚哥，被困的22万西班牙守军投降。不久，美军又轻而易举地夺取了波多黎各（Puerto Rico）。

8月12日，战败的西班牙请求停战。12月10日，美国与西班牙签订《巴黎和约》，西班牙放弃古巴并承认古巴独立，割让关岛、波多黎各给美国，同时将菲律宾群岛的主权以2000万美元的代价转让给美国。

1901年3月2日，美国国会通过《普拉特修正案》，规定古巴不得向美国之外的其他国家转让土地，美国有权在古巴建立军事基地，并维护古巴"独立"。

美国人现在生产出的产品远远超过自身消费的需求……

我们在古巴、波多黎各、夏威夷、菲律宾都有了市场。我们屹立在全世界 8 亿人民面前，把太平洋作为美国的内湖。

——［美］琼西·M. 迪普

向太平洋地区扩张

美西战争的胜利拉开了美国向海外大举扩张的序幕，军事上开始从大陆扩张转向海上扩张，外交上从孤立主义转向扩张主义。

1901 年 9 月 6 日，麦金莱总统在纽约遇刺身亡后，西奥多·罗斯福（Theodore Roosevelt，1858—1919）于 9 月 14 日接任美国总统。

狂热的扩张主义者罗斯福将门罗主义加以演绎，在外交上提出了以强大的军事力量为后盾的"大棒政策"。任内大力发展海军，美国海军实力从世界第 7 位快速上升为第 2 位。

1909 年上台的威廉·塔夫特（William Howard Taft，1857—1930）总统又为门罗主义添枝加叶，提出所谓的"金元外交"。实质上就是以武力为后盾，用金元开路，对世界上的弱小国家进行资本输出和经济侵略。

1913 年，伍德罗·威尔逊（Woodrow Wilson，1856—1924）

成为美国第 28 任总统。这位曾任普林斯顿大学校长的"学者总统",又提出了以道德原则而非经济利益或强权政治来处理国际关系的所谓"使命外交"(Missionary Diplomacy),为美国的扩张主义政策披上了一层伪善的外衣。

美国取代西班牙在太平洋地区的势力后,进而继续向亚洲地区扩张。1898 年 6 月 12 日,菲律宾独立运动领导人艾米利奥·阿奎纳多(Emilio Aguinaldo)宣布菲律宾独立,成立菲律宾共和国,并当选为总统。

8 月 13 日,美军进占马尼拉市区,菲律宾独立运动起义军则控制其他地区。1899 年 2 月 4 日,马尼拉爆发反美起义,很快被美军镇压。随后,美军不断向菲律宾增兵,镇压菲律宾人民起义。到 1901 年,美军在菲律宾建立了 639 个据点。3 月 23 日,阿奎纳多在北吕宋岛被俘并呼吁停止反抗、接受美国统治;但是,其他菲律宾起义军领导人继续顽强地进行着反美游击战争,直到 1906 年在萨马岛战役中最后失败。

镇压了菲律宾的独立运动、实现了对菲律宾的占领之后,美国又将侵略之手伸向夏威夷群岛。1898 年 7 月 7 日,美国国会无视夏威夷当地人民的主权,通过了《关于归并夏威夷群岛的联合决议》。8 月 12 日,美军入侵夏威夷群岛,将其并入美国领土。夏威夷在 1959 年 8 月 21 日成为美国第 50 个州。

1898 年 9 月,美国从西班牙手中取得了关岛。1899 年 12 月 2 日,美国又与德国、英国签订《分割萨摩亚群岛协定》,取得了萨摩亚群岛。

继侵占菲律宾、夏威夷和关岛等地之后，美国又将侵略的目标瞄向了中国。1899年，美国国务卿海约翰（John Milton Hay, 1838—1905）首次向英、法、德、俄、日、意等西方强国发出了所谓"门户开放"照会，要求各国对在华利益一体均沾，不得独占。

1900年，中国爆发义和团运动，美国参与八国联军入侵中国。7月3日，海约翰向西方列强发出第二次"门户开放"照会，强调"保全中国领土与行政完整"和对华实行"门户开放"原则，以便初来乍到的美国能够与早先入侵中国的列强们共享在华利益。

我拿下了巴拿马，运河区完全变成了我们的，巴拿马共和国也全部在我们的势力控制之下。

——［美］西奥多·罗斯福

向拉丁美洲扩张

1899年1月1日，西班牙撤出后，古巴获得了在美国军事占领下的独立。美国对古巴实行"统治而不兼并"的军事占领制度。

1900年9月，在美国总督伦纳德·伍德（Leonard Wood）将军的导演下，古巴召开制宪会议，制定了宪法，并在法律上确认了美古关系。

1901年6月12日，古巴又被迫将美国强加的《普拉特修正案》列入古巴宪法，规定美国有权干预古巴内政和在关塔那摩建立美军基地。

1902年5月20日，美军撤离古巴，古巴共和国成立。

1903年，美国在古巴的关塔那摩和翁达湾建立了军事基地。

1906年，不堪忍受美国控制与压迫的古巴人民爆发8月起义，美军重返古巴镇压起义，并再次实行军事占领制度，直到1909年最后撤离。

此后，美国又于1912年和1917年对古巴进行军事干涉，迫使古巴长期处于美国藩属国的地位。

美西战争后，美国还根据与西班牙签订的条约，夺取了西班牙的殖民地——波多黎各。1900年4月12日，美国国会通过《福拉克法》，组建了统治波多黎各的专门委员会，包括一名总督和6名行政长官。并任命5名最高法官负责波多黎各的司法工作。1917年，波多黎各居民得到美国公民资格。

美国对拉丁美洲扩张的另一重要行径，是强占巴拿马运河的开凿权。

1899年3月30日，美国国会授权行政当局调查开凿巴拿马运河的可能性。1900年，美国国务卿海约翰与英国驻美大使庞斯福德签订了一个有关条约，但未获国会批准。1901年11月18日，《海约翰－庞斯福德条约》再次签订，美国获得了开凿、管理和防卫中美洲运河的独占权，同时容许其他国家的船只因为和平目的而通过该运河。

1902年6月29日，西奥多·罗斯福总统批准修建巴拿马运河。1903年1月22日，美国强迫哥伦比亚（Colombia）在其巴拿马省划出一条15英里宽的地区，租给美国99年，用于开凿运河。美国一次性付给哥伦比亚1000万美元，以后每年另付25万美元租金。哥伦比亚共和国以侵犯国家主权和补偿太少为由拒绝了美国的要求。

11月3日，美国策动、并派遣军舰支持巴拿马省实行"独立革命"。次日，召开群众大会，宣布巴拿马省脱离哥伦比亚而独立，由巴拿马省省长、分离主义者曼努埃尔·阿马多尔·格雷罗（Manuel Amador Guerrero，1833—1909）出任"巴拿马共和国"第一任总统。

11月18日，美国与巴拿马共和国签订《海约翰－比诺－瓦里亚条约》，规定巴拿马划出10英里宽及两端延伸入海3英里的地峡归美国永久占领、使用和统治；美国承认并保护巴拿马独立，同时一次性支付1000万美元给巴拿马政府，9年以后每年支付25万美元给巴拿马。12月2日，巴拿马批准该条约。

1904年2月23日美国批准该条约。同年，巴拿马运河动工开凿。1914年巴拿马运河竣工，河宽152至304米，长约82公里。8月15日，一艘美国军舰首航巴拿马运河。1915年春，巴拿马运河开放通航。

1904年，西奥多·罗斯福总统借口清偿债务，派兵入侵多米尼加（Dominica）领海，迫使多米尼加接受美国对其税收和财政的监管。1907年，进一步迫使多米尼加将海关征税权交给美国50年，多米尼加税务官及其助理均由美国总统直接任命。1916年，美国出兵占领了多米尼加首都和其他城市，实行军事占领制度。

1912年，为了维护亲美的尼加拉瓜（Nicaragua）政府，美国出兵镇压该国的反政府起义，对尼加拉瓜进行军事控制。1914年8月5日，与尼加拉瓜政府签订条约，授予美国在尼加拉瓜开凿运河和建立丰塞卡湾军事基地的权利，并有权长期租借加勒比海的科恩群岛。

1914年12月，乘海地发生内乱之机，伍德罗·威尔逊总统派遣美国海军陆战队登陆太子港，劫走海地国家银行价值50万美元的黄金储备。1915年7月27日，海地新总统在群众暴乱中丧生，美国立即借口保护侨民利益出兵占领太子港等重要港口，将海地置于美国的军事控制之下。8月12日，美国操纵海地选出亲美的新总统。9月16日，迫使海地签订条约，准许美国监督海地的海关和财政，在美国官员领导下建立地方警察。1917年，美国又为海地制订了新宪法，确认美国的占领，并准许美国在海地取得土地所有权。

这是个人成就的时代。若想干一件事,你就去干吧,不要带着解释走回来。谁也不需要解释,谁也不关心解释。

——[美]约翰·彼得·阿尔特吉勒德

进步主义运动

20世纪初期的美国,面对工业化、城市化和垄断资本主义带来的诸多社会难题,社会各界同仇敌忾、逐渐形成了声势浩大的改革浪潮,史称"进步主义运动"。

首先是一些正直的新闻工作者针对政治腐败、城市犯罪、教育失败、社会不平等及种族歧视等现象,展开了口诛笔伐的"揭发黑幕"运动。

1902年10月起,《麦克卢尔》杂志总编辑林肯·斯蒂芬斯(Joseph Lincoln Steffens,1866—1936)先后调查了圣路易斯、明尼阿波利斯、匹兹堡、费城、芝加哥和纽约等城市的状况,发表了一系列揭露政治腐败的文章,1904年汇编出版成书——《城市之羞》。

随后,该刊记者又发表了一些揭发其他州和联邦政府的政治丑闻以及大公司腐化堕落、管理不善等黑幕。《麦克卢尔》杂志因此声名鹊起,月发行量超过25万份。

其他报刊也纷纷起而效法，在1903至1909年间形成了新闻界揭露黑幕的热潮，题材涉及政治腐败、企业黑幕、血汗工厂、童工、工会丑闻、女权、卖淫业、贫民窟等美国生活的各个阴暗角落。

与揭露黑幕的新闻同步，致力于进步主义运动的"暴露文学"也在美国勃然兴起。其中，最著名的代表作品有：1887年出版的《穷困的囚徒》，1890年出版的《另一半人如何生活》，1894年出版的《与共和国抗衡的财富》，1899年出版的《印第安纳来的绅士》，1901年出版的《嘉莉妹妹》《章鱼》《第二代》，1902年出版的《第十三选区》，1903年出版的《深渊》《深渊中的人》《老板》《政党分赃制的赞助人》，1904年出版的《贫困》，1905年出版的《竞争场里》《李树》，1906年出版的《儿童的痛苦哭声》《屠宰场》，1907年出版的《基督教与社会危机》《铁蹄》《均势的转变》，1908年出版的《克鲁先生的经历》，1910年出版的《美国富豪史》《野兽》，1911年出版的《珍妮姑娘》，1912年出版的《金融家》，1914年出版的《克拉克的战场》《巨人》，1915年出版的《失业》和1917年出版的《苏珊·伦诺克斯的沉浮》等。

这些笔触尖锐、生动形象的文学作品将美国社会的阴暗面绘声绘色地展现在美国大众的眼前，唤醒了人们内心深处被残酷的社会现实麻痹已久的良知，号召人们奋起抗争、共同努力，为美国社会的进步做出自己的贡献。

在哲学领域，哈佛大学心理学家威廉·詹姆斯（William

James，1842—1910）和教育学家约翰·杜威（John Dewey，1859—1952）引领进步主义思潮之先，摆脱了美国早期的乐观主义和社会达尔文主义的哲学思路，形成了"行动胜于逻辑、实践胜于理论、研究创新胜于墨守成规"的实用主义哲学体系，为社会科学研究提供了新的方法论，为解决现实问题提供了新的思想方法。

随着社会正义运动、女权运动、市政和州政府改革的不断深入，更多的法理和政治学障碍暴露了出来，顺应时势需要的实用主义法学和政治学也应运而生。最高法院大法官小奥利弗·温德尔·霍姆斯（Oliver Wendell Holmes Jr.，1841—1935）倡导的"社会学法理学"对摧毁司法部门的僵化和保守发挥了巨大的影响。

适应工业化和城市化社会的要求，世纪之交的美国基督教也推出了新的宗教哲学——"社会福音"，吸引了数以千万计的普通美国人加入进步主义改革中来。到1900年以后，在"社会福音运动"的带动下，美国社会逐渐形成了一支庞大的志愿献身于慈善事业、社区福利事业的"社会工作者"队伍，对美国社会的进步起到了不可小视的作用。

1901年9月，麦金莱总统遇刺身亡，热衷于社会改革的副总统西奥多·罗斯福入主白宫，接任总统职位，适时地成了推动全国性改革的进步主义代言人。针对1895至1904年间公司合并浪潮所引起的广泛的社会忧虑，当年43岁的罗斯福总统力挽狂澜，复活了《谢尔曼反托拉斯法》，大规模地起诉垄断公司，迫使北方证券公司、牛肉托拉斯、美孚石油公司和美国烟草公司等大公司解散，罗斯福本人也因此赢得了"托拉斯毁灭者"的绰号。

同时，顺应时代的要求，罗斯福政府也对劳工政策做出了必要的调整。在美国历史上，西奥多·罗斯福是第一位召集劳资双方到白宫解决纠纷的总统，也是第一位以接管煤矿相威胁、迫使资本家就范的美国总统。

从小就热爱大自然的罗斯福总统还大力倡导自然资源保护运动，先后倡议建立了51个野生动物保护区、18个国家自然和历史纪念地。通过国家干预，对森林、牧场、水土、矿产和野生动植物资源进行全面的保护，对日后美国经济、社会与自然的协调发展做出了重大的贡献。因为加强了国家对经济和社会生活的干预，罗斯福的施政纲要被称为"新国家主义"。

1913年入主白宫的"学者总统"伍德罗·威尔逊很有眼光和见识，善于审时度势，在很大程度上驾驭了国会立法的方向和进程，推动国会完善了反托拉斯法律体系，促成了关税体制的改革，创立了新型的货币金融体制——联邦储备体系，并且在童工和工时等方面的立法上也有建树，带动进步主义运动进入鼎盛时期。对于威尔逊总统的各类进步主义改革，历史上总称为"新自由"。

1913年4月，威尔逊总统推动国会通过的《安德伍德—西蒙斯关税法》改善了联邦税收结构，将关税一举降低到内战以来的历史新低，为将美国商品引向世界市场打开了广阔的通道。1913

年12月，美国国会通过了《联邦储备体系法案》，威尔逊总统的银行改革方案得以实施，纠正了美国金融业长期以来的某些弊病，增强了美国金融体系防范和化解金融危机的能力，并且在一定程度上削弱了私人银行对美国经济命脉的控制，受到了美国绝大多数企业家的热烈欢迎。

1914年10月，《克莱顿反托拉斯法》在威尔逊总统的推动下获得国会通过，宣布"不公正的商业行为为非法之举"，并对劳工利益做出让步，摒弃了援引《谢尔曼反托拉斯法》反对工会组织的先例。

一旦打起来，人民就会忘记还有容忍这个概念。一旦打起来，人们就会变得像野兽那样冷酷、残忍……一个国家一旦把力量投入战争就不可能把头抬起来，永远不可能。

——［美］伍德罗·威尔逊

第一次世界大战中的美国

1914年8月，欧洲强国之间爆发了后来将整个世界卷入灾难之中的第一次世界大战。

大战令交战的欧洲各国两败俱伤，曾经称雄数百年的哈布斯堡王朝（Habsburg Dynasty，1273—1918）、霍亨索伦王朝（Hohenzollern Dynasty，1100—1918）、罗曼诺夫王朝（Romanoff Dynasty，1613—1917）和奥斯曼王朝（1299—1922）被相继扫进了历史的风尘，支配了整个19世纪的"欧洲时代"随之终结。

相反，在战争中大发横财、坐收渔利的美国摇身一变从战前的债务国成了欧洲的债权国，国力突飞猛进，晋身为举足轻重的世界强国。

1914年，美国人口约9000万，工业产值雄居世界首位。战争初期，由于地理位置的保护和经济利益的考虑，美国总统威尔逊在1914年8月4日发表了《中立宣言》，奉行不偏不倚的中立外交,利用其中立地位与交战双方大做买卖,乘机拓展市场和发展经济。

1913至1916年间,欧洲各国从美国购买的货物价值由15亿美元激增至38亿美元。与此同时,欧洲各国的出口骤减,世界市场出现了真空,美国商品趁机补进。1913至1916年间,美国出口总额由25亿美元激增至55亿美元。外贸的扩展带动工农业的发展和就业增长,美国经济呈现出良性循环的飙升势头。

在经济利益的驱动下,威尔逊政府实际上在1914年10月便悄然改变了"中立"立场,不再阻止金融界向交战国发放战争贷款,以便支持迅猛增长的美国对欧贸易。1915年9月,威尔逊政府又决定允许交战国公开筹措美国贷款,使得美国贷款和战争物资源源不断地涌向欧洲。到1917年时,美国政府批准贷给协约国的借款达23亿美元,而借给德国的贷款仅有2700万美元。

由于英国海军实力雄厚,实际控制着海上交通,致使美国与欧洲的贸易逐渐变成了与英国和法国的贸易,美国利益的天平明显倾向了协约国。

1915年2月4日,为了对抗英国的食品封锁,德国海军开始对英国诸岛实行潜艇封锁,对包括中立国在内的所有船只不做警告即行击沉。2月10日,威尔逊政府照会德国,抗议其潜艇战,表示美国将采取必要措施保护本国公民的公海航行权利。同时,力劝英国放弃对德国的食品封锁。3月11日,协约国又做出了与德国潜艇战针锋相对的规定,宣布将扣押任何开往敌方目的地的船只。

3月28日，德国潜艇击沉英国客轮"法拉巴"号（Falaba），1名美国乘客溺死，引发德美纠纷。5月1日，一艘美国油轮被德国潜艇击沉，3名美国人丧生。5月7日，英国客轮"卢西塔尼亚"号被德国击沉，死难旅客中有128名美国人，德美关系发生重大危机。威尔逊总统接连向德国发出抗议照会，效果不大。

8月19日，"阿拉伯人"号邮船又被德国潜艇击沉，2名美国人丧生。威尔逊总统随即向德国发出严厉警告。9月1日，德国驻美大使通知美国政府：德国潜艇不会攻击非武装的"邮船"。后来，又有几起潜艇战事件发生，但是，均以德国的暂时妥协而平息下来。

为了保护美国的海上利益，同时避免卷入战争，威尔逊政府希望通过调停来结束战争。1915年1月，威尔逊总统首次派遣爱德华·豪斯（Edward Mandel House，1858—1938）上校前往欧洲开展调停，失败而归。1916年，威尔逊总统向交战双方发出和平调停的建议，遭到双方的委婉拒绝。

美国中立期间，英国海军随着战争的进程而不断加强海上封锁，不时地搜查或扣押美国商船，曾多次引发美英关系危机，但是最终还是求同存异、有惊无险。而美国的立场日益偏向英国和法国方面。

1917年1月22日，威尔逊总统在国会发表演说——《没有胜利的和平》，呼吁交战双方实现"无胜败的和平"，以便长保世界和平。

1月26日，英国政府表示愿意与德国进行和平谈判。

1月31日，德国政府悍然宣布：从2月1日起德国潜艇将不加警告击沉所有敌国和中立国船只。威尔逊总统被迫宣布断绝与德国的外交关系，但是仍然不希望卷入战争。

2月25日，英国将其破获的德国外交大臣齐默尔曼（Arthur Zimmermann）勾结墨西哥、组织反美联盟的密电寄给了美国政府。威尔逊总统阅后甚为震怒。3月1日，威尔逊授权将《齐默尔曼电报》交给新闻界发表，美国舆论随即大哗，全国掀起反德浪潮。

4月2日，威尔逊总统提请国会召开特别会议，并发表了要求对德国宣战的演说，宣称美国必须"为世界和平与民主而战"。

4月4日，国会两院以压倒多数通过了威尔逊总统的战争咨文，美国正式对德国宣战，站到了协约国一边。

1917年5月，国会通过了《选征兵役法》，要求21—30岁的美国成年男子一律登记应征。8月，国会又将征兵年龄扩大到18—45岁。

美国宣战时拥有现役军人20万人，到第一次世界大战结束前，2400多万美国成年男子进行了登记，将近280万人应征入伍，前后投入第一次世界大战的美国武装部队总人数达到4791172人，其中139万人实际参加了法国战场的战斗。

由于远征的需要，美国海军力量在战争期间得到了急剧的扩充。1917年7月1日，美国海军只有7艘军舰和6艘货船，到1918年11月已有143艘舰艇和远洋运兵船，到战争结束前美国海军舰只已达2000多艘，服役官兵53.3万人，在大西洋和太平洋的广阔水域上运输、护航、巡逻、布雷和战斗任务。

1917年5月，威尔逊总统任命约翰·潘兴将军（John Joseph Pershing，1860—1948）为美国远征军司令。6月，美国步兵第一师抵达法国，到年底已有20万美军进入法国。

当年11月7日，俄国发生"十月革命"，宣布退出战争。东线德军得以西调，1918年3月21日在西线发起春季攻势，协约国力敌不支，节节败退。4月14日，威尔逊总统同意由法军总参谋长费迪南·福煦（Ferdinand Foch，1851—1929）担任协约国军总司令，指示潘兴将美军4个师交给福煦统一指挥，美军很快投入了战斗。

1918年6月3日，德军击溃法国第六军团，兵临距离巴黎只有56英里的马恩河（Marne）。美军第二师奔赴战场，经过3周鏖战，将德军赶出了贝莱奥森林（Belleau Wood），同时美军也付出了9777人的伤亡代价。随后又有8个美军师赶到，法美联军在8月上旬肃清了马恩河地区的德军。

9月12至16日，美军第一军接管了圣米耶尔（St. Mihiel）附近的南部战线，并独自击溃对阵德军。9月26日至11月11日，美军在色当（Sedan）一线对德军发起进攻，赢得了决定性的墨兹—阿尔贡（Meuse－Argonne）战役的胜利。这是美军参战以来最大的一次战役，为期40多天，共投入兵力120万人，美军伤亡达11.7万人。与此同时，英法军队在北部和中部战线也取得了反击胜利。

1918年9月29日，德军总监鲁登道夫（Erich Ludendorff，1865—1937）将军通知德国政府：败局已定，请求停战。10月2日，马克斯亲王（Prince Max of Baden）接掌德军，并通过瑞士向美国发出首次停战照会，要求以威尔逊"十四点"（14 Points）为议和基础。11月11日，停战协定签订，第一次世界大战正式结束。

整个战争期间，美军共死亡112432人，其中一多半死于疾病，直接战死48909人，受伤230074人。从1917年4月到1919年4月的两年间，美国共花费战争费用218.5亿美元。

1919年1月12日，巴黎和会召开。美国总统威尔逊、英国首相劳合·乔治（David Lloyd George，1863—1945）、法国总理克列蒙梭（Georges Clemenceau，1841—1929）、意大利首相奥兰多（Vittorio Emanuele Orlando，1860—1952）等"四巨头"是和会的主角，32个国家参加会议，德国和苏俄被排除在外。大多数会议是秘密进行的。

威尔逊总统极力主张建立"国际联盟"，借以谋求美国的世界领导地位。4月28日，《国联盟约》通过，规定建立一个由5大国为常任理事、若干小国参加的国际行政机构和一个所有国家都参加讨论问题的国际大会，以保障集体安全、仲裁国际争端、裁减军备和开展公开外交等。

  巴黎和会还瓜分了德国的殖民地,并向德国提出了330亿美元的赔偿要求。1919年6月28日,美、英、法、意、日等战胜国在巴黎的凡尔赛宫与战败的德国签订了《凡尔赛和约》,德国丧失了13%的领土、10%的人口和全部的海外殖民地,承诺赔款316.8亿美元。

  在第一次世界大战中,美国经济迅猛发展,大发战争财,从战前的债务国变成了战后的债权国,纽约取代伦敦成为世界金融中心,美国成为世界头号经济强国和军事强国,取代英国登上了世界霸主的地位。

> 国家跟个人一样，到头来不能依靠其他国家或者国际组织，只能依靠自己。每个国家都要自寻出路，就像每个人都要自求发展。
>
> ——[美]卡尔文·柯立芝

哈定－柯立芝－胡佛时代

第一次世界大战之后，共和党重掌白宫、控制国会两院，开始了繁荣兴盛、自由放任的1920年代。

激越的战争过后，美国人普遍渴望回归平常的生活。

1920年11月，俄亥俄州的参议员沃伦·哈定（Warren Gamaliel Harding，1865—1923）时来运转，一路顺风顺水地被选进了白宫。

在很多美国人的笔下，哈定是一位终日沉溺于扑克牌、威士忌和女人而无所事事的总统。跟随这位玩乐总统进入首都华盛顿的还有一支由他的酒肉朋友组成的"俄亥俄帮"。其中，哈里·多尔蒂（Henry M. Daugherty）出任司法部部长，艾伯特·福尔（Albert Fall）出任内政部长，威尔·海斯（Will Hays）出任邮政总局局长，查尔斯·福布斯（Charles R. Forbes）出任退伍军人局局长。

哈定总统的这帮朋友到任后，又任命了各自的一些朋友。其中一些胡作非为的朋友，接二连三地触犯禁酒、逃税、贪污受贿、诈骗政府、逃避调查等罪行，导致1923年以后的首都华盛顿淹没在政府丑闻之中。

在震惊、忧虑和焦躁之余，哈定总统选择了逃避。1923年6月23日，哈定总统告别华盛顿，偕夫人及随从开始了横越美国大陆的旅行。途中，他先后突发心脏病、感染肺炎和发生中风。8月2日，病逝于旧金山。罗斯福总统的女儿爱丽丝曾这样评价哈定："他不是坏人，只是一个蠢蛋。"

副总统卡尔文·柯立芝（Calvin Coolidge，1872—1933）当时正在佛蒙特的家族农庄中度假，得悉哈定总统的死讯后，就在家里的起居室中伴着一盏油灯，由父亲主持仪式，宣誓就任美国第30任总统。随后，又在1924年总统大选中获得连任。

柯立芝是一位朴素节俭、古板保守、奉公守法的平民政治家。他寡言少语、谨小慎微、不善交际的平民风度与其声名狼藉的前任正好形成了鲜明的对比，为共和党在选民面前重塑了可靠的形象。接任总统后，柯立芝立即罢免了联邦政府中那些哈定的酒肉朋友，代之以胜任的人士，使政府作风转向清廉。

柯立芝总统崇尚创造财富和拥有财富的人。他认为，富人致富是因为勤劳，而穷人受穷是因为懒惰。美国政府的主要事业就是帮助企业致富，而政府服务企业的最好办法就是压缩政府规模、减少活动和节约开支。

在其任内，柯立芝总统继续推行共和党的自由放任政策，美国企业的利益被等同于国家利益，尤其是大企业得到了极为宽松的发展环境和诸多的政府呵护。1922年起，美国经济进入前所未有的繁荣时期，历史上称为"柯立芝繁荣"。

柯立芝的继任者赫伯特·胡佛（Herbert Clark Hoover，1874—1964）较其两位前任哈定和柯立芝更加能干，深信无拘无束的个人主义和自由企业，坚决反对联邦政府直接干预经济社会生活。威尔逊执政期间，胡佛曾任战时粮食局长，后任哈定内阁和柯立芝内阁的商务部部长，极力主张和推进自由放任主义政策，为美国20年代私人垄断资本主义的极度繁荣出力颇多。

但是，这位能干的商业部长却是一位时运不济的总统。1929年出任美国总统后不久，便遭遇了1920年代私人垄断资本主义极度膨胀与金融大投机的恶果——"经济大萧条"，自酿苦酒自己尝，功不及过，背负骂名。

1929年10月24日，纽约股票交易所爆发股市崩盘，拉开了美国经济有史以来最严重的大萧条和大危机的序幕。此后的3年多时间里，美国经济不断恶化，股市缩水5/6，银行倒闭5700多家，企业关门10万余家，生产骤减80%左右，失业剧增至1700多万人，进出口贸易减少50%以上，整个国民收入下降了一半以上，人均收入减少了1/3以上。对于当年的美国人而言，大萧条之痛苦凄惨无异于"世界末日"。

针对大萧条，胡佛政府极力散布乐观气氛以稳定人心，同时力劝金融界和企业界的领袖们自愿维持生产和现行工资，呼吁各级政府增加公共开支以刺激经济和扩大就业。但是，这种全凭自愿的政策终究不抵经济规律的作用，企业主们还是不断地缩减生产、降低工资，萧条继续加深。

1930年12月至1931年3月，国会要求胡佛政府放弃自愿主义，采取联邦干预，并不顾总统否决，通过一项法案，提前发放约10亿美元军人退役金。然而，尽管各方面不断要求联邦政府采取积极措施干预经济，胡佛总统应对经济危机的政策始终不肯摆脱自愿主义的原则。

直到1931年12月初，在来年大选的压力之下，胡佛总统才勉强向国会提出了大幅度削减行政开支、发展联邦公共工程和扩大联邦贷款等复兴计划。随后，成立了复兴金融公司，大笔发放联邦贷款。可惜，在生产过剩、市场萧条的情况下，得到联邦贷款的大公司和大银行并没有追加投资和雇佣更多的工人，而广大的劳动者和消费者的购买力也得不到提高，市场依然萧条，生产仍然过剩。

在被迫救济大银行、大公司等垄断资本的同时，胡佛政府却坚决反对救济失业者。胡佛总统及其财政部部长安德鲁·梅隆（Andrew Mellon）信奉社会达尔文主义，认为聪明肯干的人一定能在美国社会发家致富，而失业的群众是罪有应得，失业者应该自己想办法救济自己。

胡佛总统还鼓吹失业救济应该由家庭、邻里、农场主、资本家、地方政府和社区民间组织自愿负责,而联邦政府一定不可卷入。他还认为,美国经济没有问题,毛病出在心理上,只要喜剧演员多向人们说笑话,问题就会消失。更有甚者,1932年7月28日,胡佛总统还命令军队出动轻型坦克、骑兵、步兵和机枪连驱赶因为失业而衣食无着、前来华盛顿请愿的2万多退伍军人及其家属。当晚10时左右,退伍军人的临时住地被放火烧毁,1人被击毙,3人受伤。最后,大多数人融入了流浪大军之中。

在大萧条期间,绝望无助的美国工人和农民也开展了各种形式的反抗斗争,组织了多次向华盛顿的"饥饿进军",同时也受到了胡佛政府的残酷镇压,先后有数十人被杀害。

我们唯一应该恐惧的只是恐惧本身。我们不该听凭命运的摆布，而应该让命运为我们服务。

——［美］富兰克林·德拉诺·罗斯福

罗斯福时代

1932年的美国大选，是一场反对国家干预与支持国家干预社会经济生活的两种主张之间的斗争，也是一场私人垄断资本主义与国家垄断资本主义之间的较量，还是一场社会达尔文主义与资产阶级人道主义之间的冲突。结果是，代表自由主义与进步主义的民主党总统候选人富兰克林·德拉诺·罗斯福（Franklin Delano Roosevelt，1882—1945），以绝对优势战胜代表自由放任主义与保守主义的共和党在任总统候选人赫伯特·胡佛。从此，美国迈进了向国家垄断资本主义过渡的新时代。

早在1932年3月至1933年3月担任纽约州州长期间，罗斯福及其智囊团便进行了大量的研究，拟定出明确的"新政"纲领，并且针对纽约州的经济危机采取了一系列的积极干预措施，后来被称为"小新政"。

1933年3月4日，罗斯福在美国的资本主义制度濒于崩溃之际就任美国第32任总统，并且在历史上首次通过广播向美国人民发表了振奋人心的就职演说。随后几天里，将近50万人写信向罗斯福致意，感谢他的演说重新激发了人民的希望与勇气。

3月6日，罗斯福总统命令全国银行停业4天，等待立法整顿。3月9日，国会迅速通过了《紧急银行法》，加强了国家对银行、货币和信贷的控制与管理，对银行进行整顿、监督、扶持、清理和关闭，极大地恢复了人民对银行的信任，大笔的美元和黄金流回了银行，股票价格也在两周里上扬了15％。截至1935年7月，财政部对6468家基本健全的银行提供了30多亿美元的资助，清理和关闭了2352家无偿付能力的不健全银行。

1933年3月12日，在轻松亲切的气氛中，罗斯福总统发表了第一次"炉边谈话"，号召美国人民恢复信心，支持《紧急银行法》。3月15日，国会通过了用以增加税收的《啤酒法》。3月20日，国会又通过了罗斯福总统提出的《节约法》，缩减政府开支和退伍军人津贴，借以恢复企业界的信心，同时安抚保守派。

在这些新政猛药的施治之下，人民开始重新信任政府，银行开始渐渐走出困境，全国经济开始踏上复苏之路。

为了防范1929年证券市场上营私舞弊和灾难性投机的重演，1933年5月27日，罗斯福总统签署了《证券实情法》，命令证券经纪人如实提供完整的交易资料。1934年国会又通过了《证券交易法》，建立了超党派的证券交易委员会，负责监管证券市场，惩处投机诈骗、操纵股市等违法行为。

1933年6月16日，国会进一步通过了《银行法》，也即《格拉斯－斯特高尔法》，将商业银行与其投资机构分开，并授权联邦储备系统对其成员银行加以更大的节制，以便防范银行利用储蓄和美联储资金进行投机。同时建立了联邦储备保险公司，对2500美元以上的存款提供保险，以保障人民存款的安全和防范发生灾难性挤兑。通过这些措施，罗斯福政府稳定了美国的私人金融资本所有制，同时也加强了对金融体制的监管。

为了拯救危机中的美国农业，罗斯福总统于1933年3月27日下令将8个联邦农业信贷机构合并为农业信贷局，节约开支，提高效率。5月12日，罗斯福总统签署《农业调整法》，成立联邦农业部下属的农业调整局，负责调整农业生产和农产品的加工与销售，以便建立和维护美国农业生产与销售的平衡。通过一系列强有力的国家干预，美国农业经济逐渐得到了稳定与恢复。

1933年6月16日，罗斯福总统又签署了由其智囊团拟定、经国会通过的《全国工业复兴法》，对恶性竞争的企业界、不适应生产力要求的生产关系、深陷贫困的劳工以及矛盾尖锐的劳资关系进行适度的国家干预。6月20日，依据该法成立了国家复兴管理局，负责制订切实可行的行业法规，其中著名的劳工条款对于废除童工、保障女工权益、限制工时和制订最低工资具有重要的意义。

同时，还根据该法成立了公共工程局，由国会拨付33亿美元举办公共工程，借以刺激经济复苏和缓解失业压力。1933至1939年间，公共工程局建造了全国70%的新校舍，65%的县、市政府办公楼和污水处理厂，35%的医院和公共卫生设施，参加了众多的铁路、桥梁、隧道和港口建设，并且部署海军建造了"约克顿号"和"企业号"航空母舰、"温森斯号"重型巡洋舰以及很多轻型巡洋舰、驱逐舰、潜水艇、炮舰和战斗机。

到 1933 年 8 月，《全国工业复兴法》便显示出迅速的效果，工业生产开始好转，物价有所提高，246.6 万工人重新就业，至 10 月再就业工人接近 300 万。可惜，好景不长，随着生产的恢复，资方、劳方和消费公众三方的利益冲突不断加深，只有监督功能的国家复兴管理局无力调节，抱怨四起，批评如潮。

1934 年春天罗斯福被迫撤销了国家复兴管理局，9 月 27 日成立了由资方、劳方和公众代表组成的全国复兴委员会，放宽了某些引起不满的行业管制和价格规定。1935 年 5 月 27 日，联邦最高法院通过判决"谢克特家禽公司诉美国政府案"宣布《全国工业复兴法》违宪，从而终结了罗斯福调整工业生产关系的尝试。

在努力复苏经济的同时，罗斯福政府也对陷入饥饿和贫困的广大失业人群展开了联邦救济工作。1933 年 3 月 31 日，罗斯福总统敦促国会通过立法成立了民间资源保护队，将 25 万失业的男青年和"流浪的野孩子"投入植树造林、水土保持等保护自然资源的有偿劳动中去。到 1942 年结束时，民间资源保护队先后雇用了 275 万失业青年，承担了植树造林、扑灭森林火灾、修建防火带和分洪堤坝、开挖运河、搭建瞭望塔、修整公路和国家公园、控制病虫鼠害、放养鱼苗、保护野生动物和架设电话线等公私两利的建设项目。

1933年5月12日,罗斯福总统又呼吁国会通过并签署了《联邦紧急救济法》,成立联邦紧急救济署,拨款5亿美元,直接救济全国近600万面临生存困难的贫困人口。11月8日又设立了民政工程局,从公共工程局拨款4亿美元,解决了420多万失业人士及其家庭的谋生问题。

在完成以复兴和救济为主要内容的第一次新政之后,从1935年1月起,罗斯福总统又发动了以实行社会改革、改善广大民众政治经济处境为主要内容的第二次新政。

1935年1月4日,罗斯福总统在致国会的年度报告中提出了一系列的社会改革纲要。他主张,美国应该按照宪法精神、社会正义和自由主义传统实行社会改革,清除过多的特权、暴力致富和私人权力控制公共事务的不公平现象。他还拟定了一个综合社会保障计划,用以减少失业者、老年人和其他弱势人群的生活苦难。

1935年4月8日,在罗斯福总统的敦促下,国会通过了《紧急救济拨款法》。5月1日,根据该法,罗斯福总统指示农业部成立了重新安置局,动用一些紧急救济拨款改善分成制农民、佃户和雇农的处境;在2年内建立了3个绿带镇,将4441户瘦田农民重新安置到肥地上。

5月6日,罗斯福总统下令成立工程振兴局,对救济名册上可以就业的350万人由联邦直接安排工作,对名册上无力工作的

200多万人交由各州直接救济。

1935至1936年,工程振兴局得到近50亿美元的拨款,主办了修筑飞机场、运动场、医院、学校、剧场和旅馆等众多的工程项目,安排了200—300多万人就业。

1935年6月26日,工程振兴局又下设了一个全国青年处,将民间资源保护队的拨款增加了1倍,在随后的7年里为全国60多万大学生和150多万中学生提供了半工半读的工作,同时还为260多万校外的无业青年安排了工作。

1935年7月5日,罗斯福总统签署了《全国劳工关系法》或称《瓦格纳—康纳里法》,明确取缔了一些雇主们迫害工会活动的惯例,提供了劳工在生产关系中的地位,改善了劳动阶层的处境。

1935年8月14日,罗斯福总统签署了经国会通过的《社会保障法案》。该法是所有"新政"立法中最重要的一个法案,它在很大程度上改变了美国的经济与社会制度。根据这个法案,联邦政府建立了超党派的社会保障局,出台了庞大的社会保障计划,在全国范围内建立起失业保险体制。

两年里,社会保障局为大约2800万人提供了就业保障,为全国近5000万老年人建立了老年保险,未参加老年保险体制的65岁以上的老年人也得到了联邦和各州的津贴,另外也为残疾人和不能自给的妇女儿童提供了联邦援助。

1935年8月23日,国会又通过了《1935年银行法》,授权总统任命所有的7位联邦储备系统新设董事,任期14年,将美国联邦储备系统置于白宫治下,而所有地区银行的主要官员的任命均需得到新的美联储董事会的同意,并且直接控制储备银行的再贴现率。这样,罗斯福总统就彻底改革了1913年建立以来屡受私人银行家影响的联邦储备体制,最终确立了联邦政府对货币和信贷的管理。

8月28日,罗斯福总统签署《公用事业控股公司法》或称《惠勒－雷伯恩法》,取缔了所有凌驾于营业公司两层以上的公用事业控股公司,授权证券交易委员会监督公用事业公司的金融业务、检查其是否违反了公共利益。该法限制了垄断资本对公用事业的侵蚀,将关乎公众利益的公用事业置于国家控制之下。

8月31日,罗斯福总统又签署了《1935年税法》或称《财产税法》,提高了馈赠税、财产税和企业所得税,并对5万美元以上的个人所得税实行累进税制。这一旨在重新分配社会财富与经济权力的新税法实际作用并不明显,却被强烈不满的企业界和富人称作"敲诈有钱人法"。

到1936年总统大选之前,据罗斯福总统报告,"新政"在前后3年里创造了600多万个就业岗位,使美国的工业生产翻了一番,国民收入增长了50%,农场净收入增长了4倍,曾经负债累累的许多大公司扭亏为盈并且获得了丰厚的利润。

不要把美国的和平与繁荣跟欧洲的野心、对抗、争权夺利和翻云覆雨缠结在一起。

——［美］乔治·华盛顿

第二次世界大战初期的美国

在 1930 年代，世界资本主义出现普遍的经济大危机期间，主要资本主义国家都采取了由私人垄断资本主义转向国家垄断资本主义的应对措施。但是，与美国等资本主义国家取道所谓"福利国家"的自救之路不同，德国、意大利、日本等国却走上了对内独裁、对外武力扩张的法西斯式国家垄断资本主义道路。

法西斯国家的不断恶性膨胀逐渐打破了第一次世界大战结束时形成的凡尔赛—华盛顿体系，威胁和破坏了有利于美国的相对稳定的国际秩序。因此，当 1939 年 9 月 3 日第二次世界大战在欧洲爆发后，美国一方面极力避免卷入战争，一方面尽可能支持英国、法国和中国反对法西斯侵略，并整顿自身的防务，积极备战。

对于德、意、日等法西斯轴心国家的肆意横行和步步紧逼，美国的孤立主义势力和英法等国的绥靖主义者主张以妥协与安抚换取和平。但是，罗斯福总统很早便认识到了美国与德、日等法西斯国家的根本冲突。还在 1935 年时，罗斯福就密令美国海军占领了太平洋上的豪兰、贝克和贾维斯等小岛（Howland, Baker and Jarvis Islands），并在次年宣布为美国领地，作为对抗日本的海外基地。1936年，罗斯福总统又协助法国贬值法郎，以缓解经济困局。1937年又悄悄地改善与苏联的关系，同时暗中帮助中国购买美国军火。1938年春季，还秘密伙同法国向西班牙供应战略物资。

1938年5月，罗斯福总统推动国会通过了《文森海军扩充法》，增加海军吨位1/5以上，并建立了拥有3000架飞机的海军航空部队。1938年9月，英法与德意签订绥靖主义的《慕尼黑协定》后，得寸进尺的希特勒（Adolf Hitler, 1889—1945）于10月9日宣布扩充德军。罗斯福总统立即做出反应，宣布增加3亿美元国防军费。11月，德国纳粹分子屠杀犹太人，罗斯福总统表达了严厉的谴责，并召回美国驻德大使。

1939年初，罗斯福总统推动国会批准了美国历史上和平时期数额最大的国防预算（16.14亿美元），加紧整顿和扩充军备。4月15日，为了阻止日本在太平洋地区的疯狂冒险，罗斯福总统将一部分美国驻大西洋舰队主力调到太平洋基地。

1939年9月3日，德国入侵波兰，英国、法国被迫对德国宣战后，罗斯福总统在当晚对美国人民发表了炉边谈话，说明美国将保持中立，但是必须行动起来维护自己的安全。9月5日，罗斯福总统宣布实施《中立法》，禁止向交战国出售军火。9月8日，宣布全国处于有限紧急状态。9月23日，又联络拉丁美洲21国外交部部长召开了巴拿马会议，协商建立起中立的美洲国家安全区。11月2日，经过一系列艰苦又小心的努力，罗斯福总统及其助手排除孤立主义者的抵制，推动国会批准修改《中立法》，撤销了武器禁运条款，采取现金购买、自行运输原则，同时禁止美国船只与交战国贸易，禁止美国人搭乘交战国船只。

1940年5月10日，德军入侵荷兰、比利时和卢森堡，并绕过马其诺防线攻入法国。当日，推行绥靖主义路线的张伯伦政府在英国倒台，温斯顿·丘吉尔（Winston Leonard Spencer Churchill, 1874—1965）接任英国首相。6月4日，迫于德军的强大攻势，33万英法军队仓促抛弃全部装备，从敦刻尔克渡海撤退到英国。6月10日，意大利墨索里尼（Benito Mussolini, 1883—1945）政府对法国宣战。同日，德军侵占了挪威。6月14日，德军攻陷巴黎。6月16日，亨利-菲利普·贝当（Henri-Philippe Petain）组成了法国傀儡政府，并在6月22日与纳粹德国签订投降协定。

1940年5月下旬，迫于同盟国日益危殆的压力，美国国会慷慨起来，迅速增拨了17亿美元国防开支，批准将陆军从28万人扩编至37.5万人，同时授权总统必要时征召国民警卫队转服现役。6月15日，罗斯福总统下令研制原子弹。9月2日，罗斯福总统顶住孤立主义压力，将50艘美国驱逐舰交给英国，换取英国保证决不放弃舰队，并将纽芬兰、百慕大和加勒比海地区的英国海空军基地租给美国99年。

9月14日，罗斯福总统又推动国会通过了《选征兵役法》。9

月27日，德、意、日公布三国同盟条约，组成轴心国。11月5日，总统大选胜利后，罗斯福进一步展开了援助英国和同盟国的行动。11月30日，罗斯福总统宣布贷款1亿美元给中国政府。12月又调拨100架驱逐机给中国，用于保卫输送援华物资的滇缅公路。

1941年1月6日，罗斯福总统向国会发表年度国情咨文，提议向同盟国租借物资，并阐述了建设拥有"言论自由、信仰自由、免于贫困的自由和免于恐惧的自由"等"四大自由"的新世界的目标。1月10日，排除孤立主义势力的重重阻碍，《租借法》获得国会通过。同月，联邦政府设立生产管理局，配合总统推动和控制战时生产。3月11日，罗斯福总统签署《租借法》，立即提请并得到国会批准拨款70亿美元，用于生产和输出租借物资，加紧援助濒于经济崩溃的英国和其他同盟。

然而，德军在海上和东南欧及北非继续迅猛地扩大战果，取得节节胜利，英国和同盟国日愈难以招架。4月，罗斯福总统批准美国军人辞职后组建"陈纳德上校（Colonel Claire Lee Chennault, 1890—1958）飞虎队"，并宣布中国应得到5000万美元贷款和获得《租借法》的援助。5月27日，罗斯福总统宣布美国处于无限制紧急状态，表示美国必须帮助英国控制海洋。

1941年6月22日，德军入侵苏联。罗斯福总统逐渐展开对苏联的援助。8月9日，罗斯福总统与丘吉尔首相在纽芬兰会晤，联合发表了闻名后世的《大西洋宪章》，呼吁世界各国共同开展抵抗法西斯运动，建立一个更为广泛和持久的普遍安全体制。9月24日，苏联表示同意《大西洋宪章》的基本原则。9月28日，美英代表抵达莫斯科，会晤斯大林，于9月30日达成了美英共同援助苏联价值10亿美元物资的协议。后来由于珍珠港事件等缘故，实际运抵苏联的物资只有6500万美元。

> 有美国同我们站在一起,对我来说是莫大的喜悦……希特勒的命运已经注定了。墨索里尼的命运也注定了。至于日本人,他们将被碾得粉碎……我百感交集,上床为我们得救和感恩安然睡了一觉。
>
> ——[英]温斯顿·丘吉尔

太平洋战争爆发

1941年10月16日,日本陆军大臣东条英机(1884—1948)出任首相,将日本政府引向更加激进的战争冒险。12月7日,日军偷袭珍珠港,击沉美军3艘战列舰,摧毁6艘战列舰和150架飞机,重创巡洋舰和驱逐舰各3艘,2335名美国军人及68名平民死难,1178人受伤。12月8日,美国对日本宣战。11日,德国、意大利对美国宣战,同日下午美国对德、意宣战。自此,美国正式加入世界反法西斯同盟,全面参与第二次世界大战。

基于战争的需要,美国很快就成了"民主国家的兵工厂",经济逐渐摆脱了"大萧条",数百万失业大军迅速消失,而且出现了空前的战时繁荣,美国式的国家垄断资本主义得到进一步的巩固和发展。

珍珠港事件后,美国迅速实行战时全民总动员。国会通过了新的兵役法，将义务兵役应征年龄降至18岁，同时所有现役军人都要在整个战争期间服役，并且再延长服役期半年。根据该法，征兵局共登录了3100万人，其中1000万人陆续应征入伍。二战结束前，包括志愿兵在内，美军共有1514万人，其中陆军1042万人，海军3883520人，海军陆战队599683人，海岸警备队241902人。到1945年年底，海军的各种舰船也从1941年底的4500艘增加到9.1万艘。空军也在战时得到了迅猛的增长，到1945年8月时，陆军航空队拥有7.2万架飞机，230万人。

1941至1945年间，美国联邦政府总计直接支付战争费用2815亿美元，占这一时期美国政府总预算的88.6%。这笔战争费用相当于美国在第一次世界大战中全部战费的8倍，资金来源44%靠增加税收，56%靠发行联邦公债。

伴随着战争进程，美国国民经济迅速转入战时生产轨道，成千上万的民用工厂一夜之间转而全力以赴生产军用物资。1939年时，美国军需生产只占生产总量的2%，到1944年时已跃升至40%。1941年年底美国参战时，当年的军火生产总值为84亿美元，到次年便增长至302亿美元，等于德、意、日三国军火生产的总和。到1944年美国军火产值已达640多亿美元，约等于德、意、日及美国主要盟国军火产值的总量。

在军火需求的刺激下，美国经济出现了空前的战时繁荣。国民生产总值从1939年的910亿美元激增至1945年的2136亿美元。工业生产不断地制造出令人瞩目的奇迹。农产品从过去的长期积压迅速转变为供不应求，美国农业的纯收入增长了3倍多，从1940年的23亿美元增至1945年的94.58亿美元。战争期间，整个美国的人均收入几乎增长了一倍。美国主流媒体不无得意地宣称：美国骤然富起来了。开战以来，整个世界都已精疲力竭，而美国却焕发活力、生活水平快速提高。

与此同时，联邦政府还设立了由总统直辖的科学研究与发展局，对原来独立分散的联邦政府实验室、工业试验室、高等院校和非营利研究机构进行集中统一的协调和管理，将全国科研力量和设备充分动员起来，推动美国科学家在原子能、电子计算机和空间技术等方面取得众多突破，引领美国科技跃居世界首位，为战后第三次科技革命首先在美国兴起做好了铺垫。

战争期间，出于遏制德军空袭的需要，美英科学家首先发展了雷达系统和防空自动控制火炮系统。到1945年7月，美军已装备了30亿美元的雷达设备和7100万美元的远距离无线电导航系统，有效地提升了美军的作战能力。1941至1945年间，美国生产了约40万架各种飞机，跃升为世界航空大国。

1945年年底，美国科学家研制成功世界上第一台电子计算机，取得了科技史上划时代的成就，将人类带入以机器操纵机器的全新时代，使生产效率获得大幅而又全面的提高。此外，美国科学家还研制了威力更大的炸药、燃烧弹、滴滴涕（DDT）、盘尼西林、合成橡胶和原子弹等，其中于1945年7月16日首次爆炸成功的原子弹对尽早结束战争发挥了重大的作用。

1941年年底美国正式参战之后,加拿大、古巴、巴拿马、哥斯达黎加、尼加拉瓜、萨尔瓦多、澳大利亚、新西兰、荷兰、波兰、南非联盟、自由法国民族委员会和中国也相继对日、德、意宣战,全世界4/5的人口都卷入了战争。

1941年12月22日至1942年1月14日,丘吉尔和罗斯福等人在华盛顿举行了代号为"阿卡迪亚"的国际反法西斯联盟会议,美、英、苏、中等26国代表共同签署了《联合国宣言》,保证相互合作,全力抗击轴心国及其附属国。

1942年5月26日,苏联与英国在伦敦签署了《苏英同盟合作互助条约》,从根本上改善了苏、英关系,加强了反法西斯同盟的基础。6月11日,美国也与苏联签订了在反法西斯战争中相互援助的协定。

从珍珠港事件到1942年5月,日本侵略军在太平洋战场上连续击败美、英、荷的远东部队,迅速占领了泰国、马来西亚、菲律宾、荷属东印度、缅甸、关岛和威克岛,加上此前侵占的朝鲜、中国和东南亚领土,控制了约5亿人口和700万平方公里的土地。

在遭遇重大挫折之后,美国于1942年3月调整了太平洋地区的指挥机构,任命麦克阿瑟(Douglas MacArthur,1880—1964)上将为西南太平洋战区盟军司令,尼米兹(Chester William Nimitz,1885—1966)海军上将为太平洋战区盟军总司令,同时加强整个太平洋战场的海、空军力量。从4月18日开始,组织中型轰炸机从航空母舰上起飞,直接空袭日本东京。5月7至8日,美国海军航空兵又在所罗门群岛附近重挫日本海军，阻止了日军向西南太平洋的扩张。

6月4至5日，美国海军航空兵又在中途岛海域大败日军，击沉日本大型航空母舰4艘、重型巡洋舰1艘、驱逐舰3艘，摧毁日军飞机275架，使日本海军遭到19世纪末以来第一次失败，太平洋上的海、空控制权也从此转入美国手中。

1943年2月8日，日军又从瓜岛争夺战中惨败退走，美军在太平洋战场转入全面进攻。

我们现在依然面临着一个强大的敌人,它曾叫嚣说如果需要,它可以准备再战斗100年。我们向它保证,它的灭亡之日不会太远了。

——[美]威廉·李海

第二次世界大战后期的美国

在北非战场上,1942年11月8日,美英联军在艾森豪威尔(Dwight David Eisenhower,1890—1969)将军指挥下,分别登陆法属北非阿尔及尔、奥兰和摩洛哥的卡萨布兰卡。迫于盟军的优势压力,法国维希政府北非领地司令官让·达尔朗(Jean Darlan)海军上将接受美英条件,命令所有驻北非的法国军队停止抵抗,使得美英两军长驱直入,11月底占领整个摩洛哥和阿尔及利亚。

1943年4月20日至5月7日,美英联军以优势兵力向突尼斯地区的德意军队发动总攻,夺取了突尼斯城和比塞大港。5月13日,25万德意军队全部投降,整个北非处于盟军控制之中,从而彻底扭转了地中海的战局。

1943年1月14至24日,罗斯福总统、丘吉尔首相及美英主要军事参谋人员在摩洛哥的卡萨布兰卡召开会议,商定1943年的作战计划:首先攻占西西里,迫使意大利退出战争,加强对德国的战略轰炸，准备横渡英吉利海峡，在太平洋和远东击退日军和支持中国。

7月10日，美英联军实施西西里登陆战役，在长达180公里的海岸上，投入16万人、3000艘舰艇、1.4万辆战车、600辆坦克和1800门大炮发动了猛烈的登陆战役。经过两天激战，美英联军占领西西里岛南部，主力部队全部登陆，并向北推进，打垮意大利军队，将德军赶往意大利本土。

7月25日，在盟军强大攻势的鼓舞下，多年来屈服于法西斯压力的意大利国王维克托·依曼纽尔（Victor Emmanuel）突然发动政变，解除了墨索里尼的总理职务，将其软禁起来，并任命彼得罗·巴多格里奥（Pietro Badoglio）元帅组织新政府，立即派出密使与美、英谈判倒戈事宜。

9月3日，意大利政府与盟军签订停战协议。同一天，英军从西西里强渡海峡、登陆亚平宁半岛南端。9月8日，意大利正式宣布投降。9月9日，美国第5集团军从萨勒诺岛登陆意大利半岛。10月13日，意大利对德国宣战；美、英、苏承认意大利为反法西斯战友，法西斯轴心国集团宣告解体。

10月19至30日，美、英、苏三国举行了莫斯科外长会议，宣布要尽快结束战争，苏联承诺在打败德国之后参加对日本作战。

11月28日至12月1日，罗斯福、丘吉尔和斯大林（Stalin, 1879—1953）在伊朗首都德黑兰举行第一次战时三国首脑会议，即著名的"德黑兰会议"，就开辟欧洲第二战场问题达成协议，并就战后分割德国、组建联合国及波兰边界等问题形成初步意见。

实际上，在正式开辟欧洲第二战场之前，盟军已经逐渐形成了对德军的战略优势。在欧洲东线战场上，苏军已将反攻的矛头指向柏林，德军已开始全线崩溃；同时，美、英空军从1943年起战略轰炸德国及其占领国，已经炸死炸伤110多万德国人，摧毁了大量的房屋和基础设施，沉重地打击了德国的军工生产、军事部署和军队士气。

到1944年初，约77%的德国人已经失去了对战争的信心。德国的武器弹药也已消耗殆尽。1944年春，留在法国基地上的德国飞机只剩下500架，残存于英吉利海峡和比斯开湾的德国舰艇也是所剩无几，制空权和制海权尽在盟军手中。

1944年6月6日，美、英联军实施诺曼底登陆战役，正式在西欧开辟第二战场。当日，盟军派出36个师、287.6万人，1.37万多架飞机和9000多艘舰艇，在法国北部诺曼底地区对6个师、3个独立团、总计不到9万人的德国守军展开突袭登陆战役。当时，德国部署在整个西线的地面部队共58个师，配备500余架飞机、200多艘舰艇。诺曼底登陆战役前后持续了43天，盟军取得了决定性的胜利。

登陆战役胜利后，盟军随即向驻守法国的德军展开迅猛的进攻，很快便攻占了法国的西北部地区，将残余德军赶回齐格菲防线。8月15日，另一支美、英军队施展"龙骑兵行动计划"，从法国南部登上欧洲大陆，挥师北上、直逼德国边界。8月25日，美军与法国爱国者里应外合，未经大战便收复了巴黎。

与此同时，苏军也在东线取得节节胜利。到1945年2月，德军从斯大林格勒一路败退，已经龟缩到柏林郊区。腹背受敌的德国败局已定，结束欧洲战争的日子为期已近。

但是，此时的亚洲仍处于法西斯日本的铁蹄之下，500多万日军仍盘踞在朝鲜、中国、印度支那、泰国、缅甸、新加坡、马来西亚、印度尼西亚和菲律宾等地。美国当时预计，在打败德国之后，仍需付出100万人的伤亡代价、苦战18个月才能打败日本。而伴随着欧战的胜利进程，美、英与苏联的矛盾和互不信任却在增加，盟国之间急需加强协商，继续团结合作。

1945年2月4至11日，美、英、苏三国首脑聚会苏联克里米亚半岛的雅尔塔，召开了著名的"雅尔塔会议"，亦称"克里米亚会议"。会议在原则上达成了战后分区占领德国和大柏林的协议。为换取苏联尽早对日本作战，会议还牺牲中国的主权和利益，签订了大国分赃的《雅尔塔秘密协定》，同意维持外蒙古现状，把千岛群岛、库页岛南部及附近所有岛屿划给苏联，将大连港国际化，苏联租用旅顺港作为海军基地，等等。

1945年3月中旬，美军突破齐格菲防线，打到了莱茵河畔。3月23日，美、英主力部队开始强渡莱茵河。4月1日，北部的英军与中部的美军会师，将32.5万德军围困在鲁尔区。4月16日，苏军在东线大举进攻，4月18日强渡奥得河与尼斯河，占领什叶罗夫高地；同一天，鲁尔区被困德军残部向盟军投降。4月

19日，美军占领莱比锡。4月25日，美、苏军队会师易北河。

4月27日，苏军攻进柏林市中心，与德军展开巷战。4月28日，法西斯头目墨索里尼在意大利被处决。4月30日，苏军占领柏林的国会大厦；当日下午，希特勒在总理府地下室自杀身亡。5月2日，苏军全面攻占柏林，柏林城防司令率残部投降。5月4日，德国西北部、南部和丹麦、荷兰、奥意边境的德军全部向美、英军队投降。

5月7日，阿尔弗雷德·约德尔将军（Field Marshal Jodl）代表德国残存的陆海空军前往法国兰斯的艾森豪威尔司令部，向美英盟军无条件投降。5月8日，德国无条件投降仪式在柏林近郊的苏军司令部举行，凯塞林（Albert Kesselring）元帅等三名德军将领代表德国最高统帅部签署了《无条件投降书》，欧洲战争宣告结束。

在开辟欧洲第二战场的同时，美英盟军也加强了在太平洋战场上的攻势。1943年夏秋开始，美军从太平洋南部和中部一路北进，突破日军的外围防线，向日军的内防御圈发起攻势。1944年6月15日，美国海军陆战队进攻西太平洋通道上的重要关隘——塞班岛，与日军殊死激战，歼灭3000多名日军，于7月7日夺取塞班岛。

6月19至20日，美国海军第5舰队在马里亚纳海域大败日本海军，击沉3艘日军航空母舰、2艘油船，重创日军4艘航母、1艘战列舰、1艘巡洋舰和1艘油船，摧毁日军450架飞机，美军夺得了太平洋上的制海权和制空权。随后,美军突破太平洋上的日军内防御圈,攻占了关岛,将日本本土及西南诸岛置于盟国正面打击之下,日本朝野陷入恐慌,东条英机内阁于7月18日倒台。

10月24至25日,美国第7舰队和第3舰队在苏里高海峡、萨马岛海域和恩加尼奥角海面,与日本海军展开了第二次世界大战中规模最大的3次海战,史称"莱特湾海战"。双方投入282艘舰只参战,日军遭到灾难性惨败,损失4艘航母、3艘战列舰、9艘巡洋舰和8艘驱逐舰,从此丧失了远洋作战能力。

1945年1月9日,美军登陆菲律宾,2月25日攻占马尼拉,5月中旬完成菲律宾战役,前后歼灭日军40多万,击毁日军飞机9000架。

1945年2月19日,美军登陆距离日本更近的硫黄岛,与日本守军展开一个多月的浴血鏖战。2.1万多名美军在战斗中死伤,2.5万多名日军被击毙。3月26日,美国海军陆战队最终占领全岛。

4月1日,美军开始进攻掩护日本本土的最后一道屏障——冲绳岛。日军以满载炸弹的"神风飞机"对美国军舰和运输船开展疯狂的自杀战术。在近3个月的激战中,日军伤亡11万多人,被俘9000多人,损毁飞机8000多架;美军损失飞机760架,伤亡7.5万人,于6月21日最后占领冲绳岛,彻底摧毁了日本本土的外围防线。

从1944年6月开始,美国战略空军便从中国基地起飞,开始轰炸日本本土。到1945年9月结束战争前,美军总计炸死33万日本人，炸伤大约50万日本人，炸毁了日本66个城市40％的稠密建筑区，摧毁了日本83％的石油提炼能力、75％的航空发动机生产能力、70％的电子和通信设备生产能力、30％的兵工厂，将日本法西斯逼入经济绝境。

1945年7月26日，美、英、中三国从柏林发表敦促日本无条件投降的《波茨坦公告》。

7月27日至8月1日，盟国在日本各城市上空散发了300万张《波茨坦公告》和150万张即将发起猛烈空中轰炸的警告传单。

7月29日，日本正式拒绝了《波茨坦公告》。

8月6日8时15分，美军在日本广岛（Hiroshima）投下当量为2万吨TNT的第一颗原子弹。广岛市中心4.4平方英里的地区顷刻间化作一片废墟，78150人丧生，51408人受伤或失踪。同日，美国总统杜鲁门（Harry S. Truman，1884—1972）发表关于原子弹的声明，要求日本立即投降。但是，日军仍然拒绝投降。

8月8日，苏联对日本宣战。8月9日，苏军进入中国东北地区向日本关东军发起进攻。当天上午11时30分，美军在日本长崎（Nagasaki）投下第2颗原子弹，炸死23753名日本人，炸伤43020人。

8月10日，日本政府向美、英、中、苏发出乞降照会，表示愿意接受《波茨坦公告》，同时要求保持天皇地位。8月11日，杜鲁门决定允许日本保留天皇，但自投降之日起，由盟军最高统帅接管日本的国家权力，全体日军就地停战并交出武器。

8月14日，日本政府正式宣布接受同盟国的要求。8月15日，日本裕仁天皇通过电台亲自宣读接受无条件投降的《停战诏书》。

9月2日，日本投降的签字仪式在东京湾的美国战列舰"密苏里号"上举行，日本外相重光葵、日本总参谋部代表梅津美治郎在盟军最高统帅麦克阿瑟将军、尼米兹海军上将和中、英、苏等国代表面前，签署了《日本无条件投降书》。至此，第二次世界大战以全世界反法西斯同盟的最终胜利而结束。

> 我们已经从世界事务的边缘走到了世界事务的中心。
>
> ——[美]哈里·S. 杜鲁门

雄霸世界的美国

经过第二次世界大战,与英、法、德、意、日等资本主义强国两败俱伤的下场相反,后来居上的美国丰收渔人之利,迅速登上了资本主义世界的霸主地位。

1945年时,美国独占资本主义世界工业生产总量的2/3,外贸出口额的1/3,黄金储备的3/4,小麦产量的1/3,棉花产量的1/2,玉米产量的70%,煤和石油产量的62%,钢产量的61%,发电量的48%,汽车产量的84%,冰箱和洗衣机产量的85%,拥有84%的全球民用飞机。美国武装部队从1939年的33万人扩张到1945年的1212万人。

当时,美国的空中力量遥遥领先,1.5万架远程飞机几乎完全垄断了世界洲际空中运输,控制了资本主义世界的全部空中航线。美国海军力量跃居世界第一,380万吨海军舰艇超过英国(150万吨)一倍还要多,484个美军海外基地几乎控制了全球所有的海域。在军事技术方面也处于绝对优势地位。美国独家握有原子弹生产技术,拥有一大批世界一流的科学家。

国力强大了，地位提高了，美国对世界的看法也随之改变了。从地区大国到全球大国，偏居西半球北部的美国骤然间变成了战后世界的中心。然而，登上世界中心地位的北美大陆却再也装不下美国称霸全球的心思，整个世界都落入美国审度的视野，整个世界都成了美国纵横驰骋的必需舞台，将整个世界纳入由美国领导的资本主义体系成了美国的新梦想。

正是为了构建"符合美国最大利益"的战后世界秩序，1945年4月25日，美国召集全世界50多个国家的282名代表聚会旧金山，召开了联合国国际组织会议。6月26日，与会的50个国家的代表签署了《联合国宪章》。10月24日，美、苏、中、英、法等多数国家递交批准书后，《联合国宪章》正式生效，联合国由此建立。

加上事后签署《联合国宪章》的波兰，联合国共有51个创始国。其中，西欧和拉丁美洲国家34个，亚洲和非洲国家11个，基本上都是追随美国的，苏联方面的成员国只有6个。联合国安全理事会设置美、英、法、中、苏五大常任理事国，前4票均属美国阵营。1946至1953年期间，联合国大会通过800多项决议，其中美国支持的议案只有2项被否决。美国通过一个多数票集团操纵着联合国，堂而皇之地确立了美国在资本主义世界的政治霸权。

在确立国际政治霸权的同时，美国也积极建构其在战后世界经济中的霸权地位。1944年7月，美国召集英、法、苏、中等参加筹建联合国的44个国家的代表聚会新罕布什尔州的布雷顿森林，召开了重建世界货币金融秩序的"布雷顿森林会议"。7月22日，会议通过了《国际货币基金协定》和《国际复兴开发银行协定》，总称为《布雷顿森林协定》。

该协定确认了美国政府规定的35美元折合1盎司黄金的汇率，各国中央银行可据此汇价向美国兑换黄金，各会员国按本国货币含金量与美元建立不得随意更改的固定汇价。由于美元直接与黄金挂钩，其他会员国货币则与美元挂钩，从而赋予美元凌驾于其他货币之上的特权，成为等同于黄金的储备货币和主要国际支付手段。美国联邦储备委员会几乎成了资本主义世界的中央银行，以美元为中心、实行固定汇率制的资本主义世界货币体系由此确立。

1945年12月27日，《布雷顿森林协定》正式生效，国际货币基金组织和国际复兴开发银行（世界银行）成立。两机构总部均设在华盛顿，关键职务由美国人担任，1/5以上的投票权掌握在美国手中。美国得以通过美元的发行、信用的扩张与收缩，以及调控国际金融机构的业务活动来操纵整个资本主义世界的国际金融，把持世界经济的血脉与心脏，为战后美国谋求世界霸权、推行干涉主义外交提供了有力的金融工具。

如果我们想要拥有世界和平，那么，耐心就必须成为我们的格言。

——［美］哈里·S. 杜鲁门

冷战的铁幕

环顾战后世界，崛起于资本主义世界之外的苏联成了美国霸权道路上最主要的障碍。而苏联与美国在战后世界秩序的安排上存在着严重的分歧。

苏联计划在东南欧建立一条"安全带"，毗邻苏联的小国如芬兰、波兰、罗马尼亚、保加利亚、匈牙利、捷克斯洛伐克和南斯拉夫等必须是亲苏的，由苏联控制它们的军事计划和外交政策。与此相反，美国和英国希望这些东南欧国家成为亲西方势力，在苏联边界上形成一条反共的"防疫地带"。

针对美国遏制苏联的种种行为，1946年2月9日，斯大林在莫斯科的一次选民大会上发表演说，指出只要资本主义制度存在，战争就不可避免，号召苏联人民做好战争准备。

2月22日，美国驻苏联代办乔治·凯南（George F. Kennan，1904—2005）向国务院发回了一份8000字的电报，对战后苏联及美国对苏政策提出了全面的分析与建议。随后，乔治·凯南又署名X在1947年7月的美国《外交》季刊上发表《苏联行为的根源》一文,即著名的"X报告",为美国政府制造了一整套遏制苏联的理论依据。

1946年3月5日,在美国密苏里州富尔顿市(Fulton)的威斯敏斯特学院(Westminster College),英国前首相丘吉尔在杜鲁门总统陪同下发表了题为《和平砥柱》的反共演说,宣称横跨欧洲的"铁幕"已经落下,第一次公开发出了"冷战"的信号。

1946年秋,希腊共产党领导民主军取得节节胜利,由英国扶持的右翼政府在希腊岌岌可危。英国向希腊派出4万军队和倾注7.6亿美元军事物资之后,无力继续对抗希腊共产党的强劲攻势。1947年2月21日,英国政府通知美国:英军即将撤出希腊,希望美国从4月1日起接管英国在东地中海承担的抵抗共产主义的义务。

英国的请求正中美国政府的下怀,接管大英帝国的霸权、称雄世界的红地毯铺到了美国人的脚下。1947年3月12日,杜鲁门总统行文国会,宣称世界已经分成了"自由世界"和"极权政体"两个敌对的营垒,要求国会立即拨款4亿美元援助希腊和土耳其抵抗"共产主义的严重威胁",进而在该地区建立美国势力的前哨阵地和"抵抗苏联侵略的屏障"。这篇反共檄文后来被称为"杜鲁门主义"。

东地中海是连接大西洋和印度洋的战略要道,也是扼守欧、亚、非三大洲的海上交通咽喉。过去一直是大英帝国生死攸关的

"海上生命线"，如今却拱手让与美国，标志着资本主义世界的霸权已经从大英帝国的手中彻底地移交给了美国。而杜鲁门主义的提出也宣告了美苏战时联盟的正式破裂，反苏反共的"冷战"被公开确立为美国的国策，并且从此支配了美国外交政策近1/4个世纪。

随后，美国大规模插手希腊内战，出钱出枪出军官，最终在1949年扑灭了希腊人民的革命。与此同时，美国还通过军事援助等手段逐步控制了土耳其，改组了土耳其军队，在土耳其领土上建立了美国的海、空军基地。

但是，与弹丸小国的希腊和土耳其相比，满目疮痍、濒于崩溃的西欧各国则为美国攫取全球霸权提供了更加宽广的战略空间。

> 英国外交大臣欧内斯特·贝文是最先看到马歇尔演说中所包含的重大意义的第一人，他说："我们用双手紧紧地抓住这条救命绳。"
>
> ——［美］戴维·麦卡洛

美国的欧洲战略

1947年6月5日，美国国务卿乔治·马歇尔（George Catlett Marshall，1880—1959）在哈佛大学的学生毕业典礼上发表演讲，正式提出了为夺取全球战略重点——欧洲而援助欧洲复兴经济的所谓"马歇尔计划"。

马歇尔计划是杜鲁门主义的自然延伸，既在政治上抑制西欧的共产主义运动、遏制苏联的影响，又能在经济上为美国的过剩资本和生产能力重建海外市场。

嗷嗷待哺的欧洲各国立即对马歇尔演说做出强烈反应。1947年7月12日，英、法、奥、比、荷、卢、意、瑞士、瑞典、丹麦、挪威、冰岛、希腊、土耳其、葡萄牙和爱尔兰等16国召开了巴黎经济会议，并成立常设联合机构——欧洲经济合作委员会，后改为欧洲经济合作组织。9月22日，上述国家正式提出联合报告，要求美国在4年内提供224亿美元援助和贷款。

12月9日，杜鲁门总统提议国会在1948至1952年间拨款170

亿美元支持欧洲复兴计划。1948年4月3日，杜鲁门总统签署国会通过了《欧洲复兴法》，并设立经济合作署，负责执行马歇尔计划。

随后到1952年6月底，美国共拨出131.5亿美元，其中英国得到32亿美元，法国得到27亿美元，意大利得到15亿美元，西德获得13.9亿美元，收获最少的冰岛得到2900万美元。

在马歇尔计划的援助下，欧洲度过了战后最困难的时期，经济开始逐步复苏。1948至1952年间，西欧国民生产总值增长了25％，工业生产上升了35％，农业生产也提高了10％。同时，马歇尔计划还推动了西欧国家的经济联合，为1950年代末期建立欧洲经济共同体和实现西欧一体化奠定了基础。

当然，马歇尔计划也为美国在经济上控制西欧铺平了道路。通过与受援的西欧国家签订各类协定，逐步消除了西欧的关税壁垒，为美国商品和资本对西欧的输出打开了门户。事实上，战后西欧也成了美国最大的出口市场和海外投资最多的地区。

美国扶持西欧的行动不可避免地引发了与苏联的矛盾。1947年底，美国不顾苏联等国的抗议，拉拢英、法、荷、比、卢在伦敦召开重建德国会议，商议成立独立的西德政府。1948年3月20日，被排斥在外的苏联愤然退出盟国对德管制委员会。从4月1日起，苏联开始在柏林实行交通限制。6月18日，美国操纵西德实行单独的货币改革，公开分裂德国。6月19日，苏联宣布对西方国家进入柏林的水陆交通和货运全面封锁，美、英、法与苏联之间的直接军事对峙在柏林地区形成，战后第一次冷战高潮出现。

1948年9月,西德立宪会议在波恩召开。1949年9月20日,经美、英、法三个占领国批准,德国西部建立了德意志联邦共和国。10月7日,在苏占区成立了德意志民主共和国。德国从此分裂为两个独立的国家。

在分裂德国的同时,由美国一手策划的筹建"北约"的活动也在紧锣密鼓地进行着。1948年3月5日,英、法、荷、比、卢在比利时召开了布鲁塞尔会议,于17日正式缔结了以军事同盟和集体防御为核心的《布鲁塞尔防御条约》。

7月6日,美国召集加拿大和布鲁塞尔条约国家在华盛顿开会,商讨缔结集体安全条约,并于9月9日通过了有关成立"北大西洋公约组织"(North Atlantic Treaty Organization,简称"北约"NATO)的所谓"华盛顿文件"。1949年4月4日,美、英、法、意、荷、比、卢、丹麦、冰岛、挪威、葡萄牙和加拿大等12国外长在华盛顿举行了"北约"签字仪式。

9月17日,成立了北约最高权力机构——北大西洋理事会和最高军事权力机构——军事委员会,并组织了统一的军事指挥系统,分设欧洲盟军司令部、大西洋盟军司令部、海峡司令部和加拿大—美国地区计划小组,决定由美国人艾森豪威尔将军担任北约盟军最高司令官,由美国总统掌管北约核打击力量的使用权,从而加强了美国对西欧的政治和军事控制,在欧洲大陆上形成了对苏联和东欧的弧形包围圈,初步完成了以欧洲为重点的美国全球战略部署。

倘若你阻塞日本的经济发展机会，倘若你的举动像是监狱看守和奴隶主……那么，只能导致仇恨越结越深，到头来不免把日本推到苏联的势力范围中去。

——［美］约翰·福斯特·杜勒斯

美洲和亚洲战略

与摆平欧洲的浩繁费力相比，美国对西半球的摆布显得轻而易举。1948年3月30日至5月2日，美国召集21个美洲国家在哥伦比亚举行了波哥大会议，讨论将松散的泛美联盟改组为由美国控制的超国家军事机构——美洲国家组织。

会议通过了《美洲国家组织宪章》，规定美洲国家会议为最高权力机构，美洲国家理事会为常设执行机构，泛美联盟为处理日常事务的常设秘书处，理事会和秘书处均设在华盛顿，美国提供美洲国家组织60%的经费。该宪章于1951年12月13日生效，为美国控制和干涉西半球事务堂而皇之地提供了法律基础。

在亚洲，日本战败投降后，美国政府于1945年9月6日对盟军最高统帅麦克阿瑟将军下达了《日本投降后初期美国对日政策》的文件，明确指出美国要单独占领日本，并且将战败的日本改造为符合美国在亚洲和远东战略需要的附属国。

当年底，在华盛顿设立了盟国远东委员会，美国实际掌握了处理日本事务的决定权和执行权。在审判日本战犯、解散各种军国主义组织、改革日本经济、文化和教育的同时，由美国人代为起草的日本新宪法也在1946年11月3日公布、1947年5月3日正式生效。新宪法规定，日本实行君主立宪制，国会是国家最高权力机关，首相由国会提名，内阁对国会负责，日本不保持陆海空军和其他战争力量。

在美国占领当局的主持下，日本社会经历了一系列民主改革，为战后日本经济的复兴、发展以及推行资产阶级民主建立了制度框架。

为了扩张美国在亚太区域的势力，1951年8月30日，美国与菲律宾签订了《美菲共同防御条约》，获得了近40个租借军事基地。9月1日，又与澳大利亚和新西兰签订了《澳新美安全条约》，在西南太平洋上攫取了一系列的军事通信基地和"牢靠的战略后方"。

9月8日，又与日本签订了《美日安全条约》，规定美国享有在日本及其周围驻扎陆、海、空军的权利。次年2月28日，又签订了《日美行政协定》，规定美国可以在日本各地无限制地设置军事基地，由日本分担驻军费用，驻日美军在基地内外享有治外法权。

1953年10月，美国与韩国缔结了《美韩共同防御条约》。

1954年9月8日，美国又联络英、法、澳、新、菲、泰国和巴基斯坦缔结了《东南亚集体防务条约》。同年12月2日，又与蒋介石集团签订了所谓《美台共同防御条约》。通过这些军事条约，美国形成了对中国的战略包围和对亚洲的军事威慑。

与在亚太周边地区的顺风顺水相反，美国在中国实行的扶蒋反共政策连连受挫，最终以1949年8月5日美国国务院发表的《美国与中国的关系》的白皮书为标志而宣告彻底破产。

做出有关朝鲜的决定的真正依据几乎同朝鲜本身毫无关系,与其有关的是侵略。

——[美]格兰·佩奇

朝鲜战争

早在第二次世界大战期间,美国就企图将朝鲜作为对日战争的胜利果实掠夺过来。在1945年的雅尔塔会议上,罗斯福与斯大林达成战后由美、苏、中、英四国托管朝鲜的谅解。1945年8月15日,杜鲁门总统致绝密电给斯大林,提议以北纬38度线为美苏在朝鲜半岛的受降分界线。8月16日,斯大林复信表示同意。随后,"三八线"便成了美苏两个军事占领区的分界线,朝鲜由此被分割成南北两个部分。

1945年9月8日,美军登陆韩国,开始占领朝鲜南部地区。9月19日,美国在原日本总督府成立了韩国军政府,由美国军官出任各级官员。10月21日,在美国生活多年的朝鲜末代皇孙——李承晚(1875—1965)乘坐麦克阿瑟派来的专机从美国回到朝鲜,充当美军在韩国的代理人。1946年2月14日,美国在韩国成立了以李承晚为议长的"民主议院",开始公开分裂朝鲜半岛。

1948年5月10日,美国军政府出动数万名军警,暴力压制朝鲜进步人士的强烈抗议，在韩国强行举行选举，成立由右派组成的国民议会，并于7月公布宪法，将李承晚扶上总统宝座。8月15日，在汉城（今首尔）宣布成立大韩民国。12月12日，美国操纵第三届联合国大会通过决议，承认李承晚政权为全朝鲜"唯一合法政府"，为后来干涉朝鲜战争埋下伏笔。

与此同时，在朝鲜半岛北部，由金日成（1912—1994）领导的朝鲜劳动党和人民军也在政权建设方面取得了进展。1948年8月25日，朝鲜北方在平壤举行了最高人民会议议员选举，9月8日通过了《朝鲜民主主义人民共和国宪法》，并选举产生了中央政府。9月9日，朝鲜民主主义人民共和国宣告成立。

朝鲜革命和中国革命的胜利沉重地打击了美国称霸亚洲的野心，也引起了美国的仇视与不安。1948年8月24日，美国与韩国签订了《美韩暂行军事协定》，向韩国大举提供武器装备，并决定建立由美军顾问控制的韩国陆、海、空军队。1950年1月26日，美韩进一步签订了一个增加美国军事物资供应的防务协定。随着韩国军事力量的急剧扩张，李承晚政府开始叫嚣以实力"北进统一"朝鲜。

1950年6月25日凌晨4时，朝鲜人民军越过三八线，朝鲜内战爆发。当日，在苏联代表缺席的情况下，联合国安理会召开紧急会议，要求朝鲜北方撤退、双方立即停火。

6月26日傍晚，杜鲁门总统命令美国海、空军支援韩国军队，第七舰队进入台湾海峡"保卫台湾"，同时增加对菲律宾和印度支那的军事援助。当晚，美国操纵安理会通过了要求各成员国援助韩国的联合国决议，为美国武装干涉朝鲜内战制造了"法律依据"。

到 6 月 28 日，朝鲜人民军已经攻占了汉城，并在随后两个月内占领了韩国 90％的土地和 92％的人口。美军第 24 步兵师被歼灭，师长威廉·迪安少将（Major General William F.Dean,1899—1981）被俘，美军和韩国军队退缩到朝鲜半岛东南部的釜山滩头。

6 月 29 日，杜鲁门总统授权麦克阿瑟动用麾下的地面部队，并授权海军封锁朝鲜，美国陆海空三军由此全面介入朝鲜战争。

7 月 7 日，联合国安理会通过了由美国起草的决议，要求各成员国派兵组成以美军为首的"联合国军"，并在朝鲜成立统一的司令部，同时授权在朝鲜使用联合国的蓝色旗帜。次日，杜鲁门总统任命麦克阿瑟为"联合国军"总司令，将朝鲜内战扩大为一次大规模的国际战争。

9 月 15 日，麦克阿瑟调集远东美军发动反攻，以 4 万多地面部队、500 多架飞机和 300 多艘军舰，在朝鲜中部西海岸的仁川港（Inchon）展开两栖登陆突袭，横扫朝鲜半岛，截断朝鲜人民军的后方交通。与此同时，据守在釜山滩头的美、李军队也大举突围反攻，使朝鲜人民军腹背受敌，损失惨重。

9 月 30 日，美军攻占汉城。10 月 1 日，美军越过三八线，向北进犯。10 月 7 日，美国操纵联合国通过英、澳等八国提案，授权麦克阿瑟武力"统一朝鲜"。10月中旬,美国纠集英国、法国、澳大利亚、土耳其、荷兰、比利时、卢森堡、希腊、南非、泰国、新西兰、哥伦比亚、加拿大和埃塞俄比亚等共15个国家组成所谓"联合国军"。在参战军队中,美军占48%,韩国军队占43%,其他各国象征性地派遣了总计不到9%的军队。10月21日,美军攻占平壤,并继续向鸭绿江和图们江进攻,战火烧到了中国边境。

美国对朝鲜的武装侵略直接威胁到了中国的安全。实际上,朝鲜内战爆发2个月之后,从8月27日起,美国空军便开始不断侵犯中国东北领空,肆意侦察,杀伤平民;在公海上,美国海军动辄炮击和盘查中国商船。中国政府对美国的侵略行径发出了多次警告,表示中国不会袖手旁观。但是,美国对中国的警告置若罔闻。

11月24日,麦克阿瑟悍然发动了"结束朝鲜战争的总攻势"。11月26日,已在此前应邀秘密渡过鸭绿江的中国人民志愿军发起了公开的反击战役。至1951年5月21日,志愿军共歼敌19万多人,将美军从中国边境赶回了三八线一带,从根本上扭转了朝鲜战争的形势,战局在三八线附近僵持下来。

对于美军的失利,麦克阿瑟归罪于杜鲁门总统命令将战争限制在朝鲜境内,极力主张把侵朝战争扩大到中国大陆,甚至不惜发动一场使用原子弹的世界大战。而杜鲁门不想与中国全面作战、消耗人力物力,也不想因为远东的战火引发苏联对西欧的侵袭,以致打乱美国的全球战略。

1951年4月5日，麦克阿瑟致信美国众议院，攻击杜鲁门总统的有限战争政策，再次要求在远东进行一场打败共产主义的全面战争。4月11日，杜鲁门总统在记者招待会上宣布解除麦克阿瑟的各项指挥权，命令美国驻朝鲜第八军司令马修·李奇微（Matthew Bunker Ridgway，1895—1993）将军接任麦克阿瑟的职务。

5月，美国参谋长联席会议主席布莱德雷驳斥麦克阿瑟说，"红色中国不是一个寻求统治世界的强国"，如果把战火扩大到中国，就会把美国"卷入一场在错误的地点、错误的时间、与错误的敌人进行的错误的战争"。

麦克阿瑟的被罢免打击了美国共和党右派的势力，为和平解决朝鲜冲突扫除了一大障碍。

1951年6月23日，苏联驻联合国代表提出了和平解决朝鲜问题的建议，朝、中政府表示同意。6月30日，美国接受了苏联的和平倡议，商定于7月10日在三八线附近的开城举行停战谈判。此后，双方打打停停，经历了2年多的曲折谈判，最后于1953年7月27日在板门店签订了关于朝鲜军事停战的协定，结束了朝鲜战争。

> 许多欧洲领导人似乎认为，我们正在麦卡锡的领导下走向美国式的法西斯主义。
>
> ——［美］德怀特·戴维·艾森豪威尔

麦卡锡主义

伴随着美军在朝鲜的失败、社会主义在东欧和中国的胜利，1950至1954年间美国国内刮起了一股极端疯狂的反共反民主的政治风潮，因为是由国会参议员、共和党人约瑟夫·麦卡锡（Joseph McCarthy，1908—1957）煽动而起，历史上称之为麦卡锡主义。

1946年，37岁的麦卡锡当选为威斯康星州参议员，进入美国参议院。在议会发言中，麦卡锡为纳粹战犯辩护，谎话连篇。在美国参议院中，他几乎没有一个朋友，还被华盛顿新闻界的民意测验评选为美国最糟糕的参议员。但是，麦卡锡对自己日渐没落的政治命运并不甘心，一直在寻找着可以进行政治投机的议题。

1950年2月9日，麦卡锡在西弗吉尼亚州惠灵市的"妇女共和党人俱乐部"发表演说《政府中的共产党人》，声称他掌握了205名渗入国务院的共产党人名单，从此展开了对进步人士的诽谤和迫害活动，企图借此崛起为政治明星。

尔后，麦卡锡又在盐湖城和里诺发表相同的演说，宣称他发现了美国政府机构中有57名"持有党证的"共产党人。麦卡锡的名字因而上了美国各家报纸的头条，风云一时。

1950年2月20日，麦卡锡又在参议院发表演说，宣称他已穿过"杜鲁门的保密铁幕"，得到81名政府里共产党人的档案资料。实际上，他说不出任何具体的人名，也提不出具体的证据。

美国新闻界一方面认为他是一个"绝望的饶舌者"，他对共产党人的追捕是"忠诚审查事务中的一出可悲的滑稽剧"；另一方面却又乐此不疲地刊载他所说的话，他那些耸人听闻的断言经常得到最大字号标题的待遇。

1950年下半年里，麦卡锡周游全美15个州，发表了30次反共演说，攻击罗斯福政府和杜鲁门政府执行了有利于共产主义的外交政策。

其实，麦卡锡主义的兴起与猖獗，正是借道杜鲁门政府和艾森豪威尔政府的冷战政策、反共狂热和所谓的"忠诚调查"与"安全计划"，为美国社会带来了沉重的恶果，致使恐慌的气氛支配了华盛顿和整个美国。最先使用"麦卡锡主义"这一个新词的美国漫画家霍布·布洛克回忆说："空气中充满了恐惧，只需一个小火花就能点燃它。而这个火花就是麦卡锡。"

麦卡锡的倒行逆施将美国带进了所谓的"麦卡锡时代"。人们相互猜忌，闻"共产主义"而色变，政府和军队里的民主进步人士纷纷受到迫害和清洗，甚至连家属和亲人也受到株连，政治上一派压抑，人心惶惶。

到艾森豪威尔执政初期，麦卡锡主义达到顶峰。1953年间，麦卡锡发起了445件初步质询和157次调查。"美国之音"主管官员以及约30位雇员被迫辞职，一位雇员自杀身亡。同时，麦卡锡还将攻击的矛头扩大到了美国宗教界，搅得朝野上下不得安宁。

1954年4月麦卡锡的两位助手对西欧各国进行了18天的旋风式调查，宣称美国设在西欧的海外图书馆有3万多种共产党人著作，引发国务院和美国许多地方开始大量焚烧进步书籍事件。

随着麦卡锡及其追随者对政府、军队和外交事务不断升级的粗暴干涉，共和党政府对其淫威渐渐难以容忍。1954年2月，麦卡锡扩大对美国陆军的调查，在听证会上公然辱骂拉尔夫·兹维克（Ralph W. Zwicker）准将，并制造陆军部长向其屈服的假象，引发美国军队的愤怒和波动。

4月22日至6月17日，在"陆军－麦卡锡听证会"上，面对2000万电视观众，麦卡锡信口雌黄、肆意诬陷的政治行径遭到了陆军特别顾问约瑟夫·韦尔奇（Joseph Welch）的公开揭露和痛斥，麦卡锡从此一蹶不振，麦卡锡主义也走向了衰落。

12月2日，美国参议院通过了谴责麦卡锡的决议，对其政治言行做出了结论性的批驳。

1957年5月2日，48岁的麦卡锡由于剧烈的酒精中毒去世。

美国总统职权所要求的不仅是从战场后方发出响亮的宣言。它要求总统将自己置身于酣战中；他要满腔热情地关怀在他领导下的人民的命运。

——［美］约翰·F. 肯尼迪

新边疆

1960年11月初，43岁的马萨诸塞州参议员、民主党人约翰·F. 肯尼迪（John Fitzgerald Kennedy，1917—1963）当选为美国第35任总统，成为美国历史上最年轻的当选总统和第一位信仰天主教的美国总统。

当年7月15日，在洛杉矶纪念剧场民主党全国代表大会上，肯尼迪在接受总统提名的演说中提出了"新边疆"的纲领性口号，主张将"新政"以来的社会改革推向新的高潮。

肯尼迪号召美国人民面对"未知的科学与空间领域、未解决的和平与战争问题、未征服的无知与偏见、尚无答案的贫困与生产过剩问题"等所谓"新边疆"的挑战，付出更多的努力，"不要问你的国家能为你做些什么，问问你自己能为你的国家做些什么"。

1961年1月20日，肯尼迪就任美国总统后，组建了一个以大公司利益为核心、兼顾其他利益集团的内阁和一个由多年幕僚及学术界人士构成的白宫班子，新闻界评价肯尼迪政府"像是一个年轻 30 岁的艾森豪威尔政府"。

但是，与其年轻活跃的行政班底相反，1960 年选出的美国第 87 届国会据说是自第 83 届国会以来最保守的一届，以致肯尼迪的"新边疆"创新在国内立法上举步维艰。国会在医疗照顾、援助公立学校、设立城市事务部、青年自然保护队、保护野生环境、农场法和加速公共工程等立法方面挫败了肯尼迪。不过，肯尼迪仍然推动国会通过了有关增加失业赔偿、提高最低工资、改善城市环境、减税和民权等重要法案，对美国的新政式国家垄断资本主义道路做出了重要的政策创新和补充。

肯尼迪执政初期，美国经济仍然处于战后第四次经济危机之中。在应对经济衰退方面，肯尼迪的"新边疆经济学"依然走在凯恩斯主义的老路上，通过大量减税和赤字财政刺激经济，以工资－物价指标抑制通货膨胀，再度加强了国家对经济生活的干预。

1961 年 2 月 2 日，肯尼迪总统向国会提交了经济复兴与增长计划，建议增加失业津贴、扩大救济金的发放范围、增加社会保险金和鼓励提前退休、提高最低工资标准并扩大实施范围、对谷农提供紧急救济、资助全面的房屋建筑和贫民窟清除计划。经国会修正，到当年 6 月底，肯尼迪的上述提案基本上都获得了通过。在肯尼迪政府的扩张性财政政策和货币政策的刺激下，美国经济缓慢回升，工业生产增长，失业率下降，到 1962 年 7 月底，经济衰退的威胁逐渐解除。

在 1960 年代的美国，黑人民权运动如火如荼，肯尼迪总统给予了积极的支持，向国会提出了战后以来范围最广泛、内容最自由主义的民权立法建议案，虽然直到他遇刺前仍未获得通过，但是却为 1964 年的《民权法》奠定了基础。

1961 年 4 月 12 日，苏联宇航员加加林（Yuri Alekseevich Gagarin，1934—1968）少校率先实现了人类历史上首次太空飞行，给美国造成了在太空领域竞争中落后于人的政治压力。4 月 17 日，肯尼迪政府在武装干涉古巴革命的"猪湾入侵"中遭到惨败。为转移国内外舆论的压力，肯尼迪政府匆忙推出赶超苏联的太空计划，于 5 月 5 日发射水星 3 号卫星，将美国宇航员艾伦·谢波德（Alan B. Shepard，1923—1998）中校送入太空。5 月 25 日，肯尼迪总统又宣布了后来闻名于世的"阿波罗登月计划"，国会随即做出了拨款 200 亿美元的决定。

同年 10 月 27 日，土星 1 号火箭试射成功，美国火箭技术开始超过苏联。1962 年 2 月 20 日，水星 6 号将小约翰·格林（John H. Glenn，Jr.，1921—2016）中校送入太空，绕地球飞行 3 周后顺利返回地球。1963 年 5 月 15 日，美国宇航员戈登·库帕（Leroy Gordon Cooper，Jr. 1927—2004）成功绕地球飞行了 22 周。1965—1966 年间，美国双子星座计划又成功地进行了 22 次太空载人飞行。通过上述飞行试验，美国逐步解决了宇航员在太空中长期飞行、进出太空舱和两个航天器在太空中会合与对接等尖端技术问题，为阿波罗登月计划奠定了坚实的基础。

1965年4月,运载阿波罗飞船的土星5号火箭研制成功。1967年起,土星5号火箭先后将阿波罗4号、8号、9号和10号飞船送入太空。1969年7月16日,土星5号将阿波罗11号飞船送入太空,人类开始了首次征服月球的太空飞行。7月20日下午4时49分,离开飞船的"鹰号"登陆舱在月球表面成功着陆。夜间10时56分,美国宇航员尼尔·阿姆斯特朗(Neil A. Armstrong,1930—2012)迈出登陆舱,在月球上踏出人类的第一个脚印,并且意味深长地说道:"个人的这一小步,却是整个人类的巨大飞跃。"

　　阿波罗计划的成功实施极大地推动了美国对科学技术的投资和管理,进一步促进了美国国家垄断资本主义的发展。1960年代,先后有近万家美国企业、120多所高等院校和42万多人参与了耗资400亿美元的空间计划。由空间技术带动产生的电子计算机、遥感技术、卫星通信和生命科学等许多方面的高新技术有力地促进了美国的经济发展。

　　1960至1965年间,美国劳动生产率增速高达21.2%,对随后出现的美国经济高度繁荣发挥了非常重要的作用。同时,由于宇航业集中在南部和西南部地区,直接刺激了当地经济,促进了美国阳光带和南部权势集团的兴起。

我无意去做一个兴建帝国、追求荣耀和扩大版图的总统。我愿意做这样的总统：教育孩子，扶贫救弱，保护每一个公民在所有选举中的选举权。

——［美］林登·B.约翰逊

伟大社会

1963年11月22日，肯尼迪总统在得克萨斯州达拉斯市遇刺身亡，举国震惊。当日下午2时30分，副总统林登·B.约翰逊（Lyndon Baines Johnson，1908—1973）在空军1号座机上宣誓继任美国总统。约翰逊总统留用了肯尼迪政府的主要成员，继续推进肯尼迪政府的各项内外政策，展开了大规模的自由主义社会经济改革。

11月25日，在白宫经济会议上，约翰逊总统决定大幅度削减财政预算，将联邦年度预算赤字减少了一半。他还下令关闭白宫多余的电灯，削减政府用车，带领政府厉行节俭，结果赢得了参议院财政委员会的支持和美国企业界的赞赏。

1964年2月26日，国会批准了肯尼迪留下的《减税法案》；通过经济繁荣时减税使赤字财政长期化，进一步发展了凯恩斯主义的赤字财政政策和新政式干预经济的做法。

在《减税法案》的刺激下，私人投资和居民购买力持续高涨，使美国经济继续高速增长，而民主党政府也赢得了更加广泛的民众支持，为1964年大选的胜利打下了基础。

1964年1月8日，约翰逊总统又向国会提交了"向贫困宣战"、以实现充分就业为目标的《经济机会法案》。8月30日，国会批准了《经济机会法案》，对贫困家庭的儿童和青少年提供教育资助，对辍学失业的青年提供职业培训和基本技能训练，资助和组织穷人最大限度地参与当地社区的各项活动，并设立了被约翰逊称为"向贫困宣战的全国司令部"的经济机会局。

为了将日益高涨的民权运动纳入政府控制的轨道，约翰逊在肯尼迪未竟的民权立法上付出了巨大的努力。1964年6月11日，比肯尼迪原法案更加进步的《民权法案》在参议院获得通过。7月2日，约翰逊总统签署了该民权法：禁止在公共场合实行种族隔离，设立公平就业委员会，禁止在就业上种族歧视，禁止在联邦选举中运用不公平的选民登记程序和文化测试，在法律上结束了美国南部的种族隔离制度。

1964年美国工业生产指数较1961年增长了20%，经济繁荣，物价稳定。约翰逊总统在改善民权和反贫困上的政绩赢得普遍的赞誉，民主党在当年的总统大选和国会选举中同时取得了压倒性的胜利。

1965年1月，约翰逊总统在当年的《国情咨文》中正式提出了建设"伟大社会"的施政纲领。随后，他又向国会提出了有关教育、医疗、环境保护、住房、反贫困和民权等方面的83个特别立法建议，将1960年代的自由主义改革举措推向高潮。

根据约翰逊总统的反贫困计划，联邦政府大规模介入劳动力再生产领域，用于扩大就业和职业培训方面的联邦开支从1964年的4.5亿美元逐年增长到1970年的26亿美元。社区行动计划也得到了扩大，1965至1971年间联邦政府在贫困地区聘请了1200名律师，为100万穷人提供了法律援助。1965年，国会又通过了改善贫困地区状况的立法，拨出40多亿美元援助贫困地的开发与发展，有力地加强了联邦政府对地方经济的协调和促进作用。

在继续推进民权立法方面，约翰逊总统采取了迅速有力的行动，说服参议院再次挫败南部的阻挠，通过了《1965年选举权法》，使得南部参加登记和选举的黑人超过内战结束以来的任何时期。

1968年10月，约翰逊总统又推动国会批准了《1968年民权法》，又称《开放住房法》；禁止在出售和出租公私住房时进行种族歧视，该法是内战后第一个触及美国北部种族歧视的法案。

约翰逊时期通过的3个民权法案缓和了美国的种族矛盾，为1970年代北部资本的大举南下和南部阳光地带的兴起扫清了障碍。

而1965年通过的《中、小学教育法》则是美国历史上第一个向中、小学提供普遍的联邦援助的立法，对贫困生和残疾学童帮助极大。同样，《1965年高等教育法》也是美国历史上第一个向贫困大学生提供联邦奖学金和低息贷款的立法，100万美国贫困大学生因此得以继续和完成学业。

约翰逊总统带领联邦政府对美国的现代化劳动力再产生事业承担起了更多的责任。其任内通过的教育法案达60多项，改善了穷人和黑人的教育状况，总体上促进了美国的教育事业，提高了美国的人力资源水平。

此外，约翰逊总统还推动国会批准了《医疗照顾法》《医疗援助法》等40多个医疗法案，数量之多冠绝一时，使绝大多数美国贫困家庭和贫困老人得到了必要的联邦医疗援助。鉴于其非凡的成绩，约翰逊总统得意地自诩为"教育总统"和"医疗总统"。

1965年国会还通过了《住宅和城市发展法》，设立了住宅和城市发展部，并任命了美国历史上第一位黑人阁员——罗伯特·韦佛（Robert Weaver）为该部部长。

1966年，国会又通过了《示范城市和都市再发展法》《都市交通法》，并设立了交通部。1968年通过了《住宅建设和城市发展法》。

上述城市立法对改变城市贫民窟，满足城市中、低收入家庭的住房需要和刺激城市住宅建设发挥了重要的作用。

在环境保护方面，约翰逊任内通过了控制水污染、制订空气质量标准、垃圾处理和美化环境等方面的一系列立法。

1966年中期选举之后，美国保守势力重新抬头，"伟大社会"的立法活动开始由盛而衰，1967年以后逐渐结束，新政式自由主义改革运动告一段落。

在战争结束时,只会有更多的美国人战死……以致他们可以说,正如塔西佗评述罗马时所说:"他们造成一片沙漠,称它为和平。"

——[美]罗伯特·F. 肯尼迪

越南战争

第二次世界大战之后,美国的东南亚政策主要是秉承艾森豪威尔的所谓"多米诺骨牌理论",扮演资本主义世界反共中坚的角色,极力阻挡共产主义势力在东南亚的扩张,致使美国逐步卷入越南内战的泥潭。

越南曾经是法国的殖民地,第二次世界大战期间又遭到日本的侵占。1945年8月15日,日本宣布无条件投降后,胡志明(1890—1969)领导的印度支那共产党发动"越南八月革命",9月2日在河内宣告越南独立,越南民主共和国成立。但是,越南南方仍然控制在法国殖民者及其扶持的越南末代皇帝保大手中。1945至1954年间,胡志明领导越南人民军进行了9年的抗法救国战争,在战场上逐步取得巨大的战略优势,法军节节败退,处于被动挨打的境地。

1954年5月8日至7月21日,中国、苏联、美国、英国、法国以及越南民主共和国、南越、柬埔寨和老挝国在瑞士召开日内瓦会议，讨论恢复印度支那和平问题。会议达成一项政治解决方案：以北纬17度线为界，越南划分为南北两个"集结地区"；越南人民军集结于该线以北，法国军队集结于该线以南。但这只是一条临时军事分界线，并非国际边界。

为了阻止共产主义势力统一整个越南，美国决心接替法国，在越南南方建立一个分立的反共国家。1954年9月6日至8日，美国、英国、法国、澳大利亚、新西兰、菲律宾、泰国、巴基斯坦在马尼拉开会，签署了《东南亚集体防务条约》及议定书，将南越、老挝和柬埔寨指定为条约保护国，为美国军事干涉越南制造了法律托词。

1955年10月26日，美国支持"越南国"总理吴庭艳（1901—1963）废黜元首保大，成立了"越南共和国"，吴庭艳自任总统、总理和国防部部长。

执掌越南北方的印度支那共产党于1951年2月改称越南劳动党。1960年12月20日，按照劳动党的决议，南方革命者在越南东南部的森林中成立了"越南南方民族解放阵线"（简称"民解"）。对于外界，"民解"是一个与北越毫不相干的独立组织，但实际上却是由劳动党南方局领导的，物质上也通过"胡志明小道"源源不断地得到北越的供应。"民解"的军事力量包括民兵、地方游击队和野战军，统称"越南南方解放武装力量"。

"民解"成立后，在越南南方动员农民、开展土地改革和全民

189

游击战争，建立革命根据地，解放区迅猛发展，逐步控制了南方广大的农村地区，迫使南越的吴庭艳政权龟缩在中心城镇、摇摇欲坠。形势所迫，肯尼迪政府忧心忡忡，唯恐丢失越南将引起像"丢失中国"一样严重的政治后果，决定向南越增加军事援助和顾问，展开所谓的"有限卷入"。

美国驻西贡军事援助和顾问小组随即升级为军事援助司令部，军事援助在一年内翻了一番，军事顾问从1960年年底的773人增加到1961年年底的3205人、1962年年底的9000人和1963年年底的1.65万人。美军顾问和美国空军也开始越来越多地直接卷入作战行动，从而将越南的战争逐渐变成了美国的战争。

1963年11月肯尼迪遇刺身亡后，约翰逊继任美国总统，首次听取世界形势介绍所得到的印象是，天下大致无事，唯独南越"真正令人担忧"。约翰逊笃信多米诺骨牌理论，他表达自己的对越政策说："我关于历史所知的一切都告诉：如果我退出越南，让胡志明穿过西贡大街，那么，我就是做了张伯伦在第二次世界大战中所做的事情……一旦我们表现出软弱，莫斯科和北京就将火速前来利用我们的软弱。"

约翰逊不想丢失南越，不想成为丢失东南亚的美国总统。然而，南越的军事形势却仍在不断地恶化。为了"拯救"南越，美国开始酝酿轰炸越南北方。

1964年7月30日夜间，南越政府军炮击北越控制的纽岛和湄岛。8月2日下午，美国驱逐舰"马多克斯号"与北越的鱼雷艇交火。8月4日夜,"马多克斯号"在东京湾水域再次与北越舰艇交火,发生了所谓"东京湾事件"。8月7日,约翰逊总统敦促国会通过了授权总统使用武力、扩大侵越战争的所谓"东京湾决议",越南内战公开升级为美国直接进行的战争。

自1965年2月起,美军开始对北越进行大规模的持续的空中轰炸。3月,美军地面部队开始正式卷入越战。4月,增派4万美军赴越。5月,国会拨款4亿美元支持越战。然而,越南的军事形势并没有因为美军的大规模卷入而有所好转。7月,约翰逊总统决定使用B—52轰炸机对南越"民解"进行饱和轰炸,同时立即增派5万美军赴越,年底前再增加5万美军。到1967年底,侵越美军已接近50万人,大规模的空袭摧毁了北越的工业体系、运输网和南越近一半的森林资源,但是,美军全面胜利的希望却渺无踪影。

1967年的美国政府深陷越战泥沼,进退两难,众叛亲离。国内的反战声浪日高一日。1968年1月底,南越"民解"发起强大的春节攻势,使侵越美军和南越政府遭到沉重打击。3月初,美国政府通知南越阮文绍政权:美国的援助将局限于南越独立作战的能力。这标志着1965年以来的"战争美国化"开始转向"战争越南化"。

1968年3月中旬,美国国会要求政府重新审查越南政策。美国舆论界普遍认为,越战是一场打不赢的战争。

3月31日,约翰逊总统在多方面压力下做出决定,宣布限制对北越的轰炸，谋求和谈。5月13日，美国与北越在巴黎开始和谈。但是，美国拒绝无条件停止轰炸，致使和谈陷入僵局。11月中旬，美国、南越、北越和越南南方民族解放阵线四方重开巴黎和谈，但是，在约翰逊总统任内一直未能取得实质性进展。

1968年，理查德·尼克松（Richard Milhous Nixon, 1913—1994）当选为美国第37任总统。在随后的1971年和1972年间，尼克松总统继续玩弄软硬兼施、出尔反尔、阳奉阴违的两手政策：为了应付国内的反战压力表面上不断撤军，实际上却不断地以空袭等手段升级战争。然而，尼克松"以打求和"的战略终归是一厢情愿，未能产生预想的效果，他本人也被指责为"疯子"，国内民意测验显示其公众支持率跌至39%。

1973年1月8日，尼克松政府不得不回到谈判桌上来。1月27日，美国与越南各方达成《关于在越南结束战争、恢复和平的协定》（简称《巴黎协定》），规定美军在停火后60天内全部撤出越南，北越释放美国战俘，越南问题留给越南各方自行协商解决。

《巴黎协定》的签署标志着长达12年的越南战争初步结束。

我们在物质上是富翁,但在精神上是乞丐。为了登陆月球,我们实现了精密的合作,在地球上却陷入拙劣的倾轧不和。

——[美]理查德·尼克松

动荡又滞胀的美国

1968年总统大选之前,约翰逊政府已深陷越南战争的泥潭而难以自拔,士气低落,民心厌战。国内经济放缓,通货膨胀日趋严重,城市动乱此起彼伏,群众抗议浪潮已成雷霆万钧之势。约翰逊总统四面楚歌,成了"白宫的囚徒",不敢轻易出巡,因为在遭遇示威游行时特工人员难以保证他的安全。

当年4月4日,民权运动领袖马丁·路德·金(Martin Luther King Jr.,1929—1968)博士遇刺身亡,全美100多个大城市发生了黑人暴动。6月5日,民主党参议员罗伯特·肯尼迪(Robert F. Kennedy,1925—1968)被暗杀。8月,民主党代表大会在芝加哥召开,警察对反战示威群众大打出手,爆发了震惊全国的暴力事件。

11月5日,理查德·尼克松(Richard M. Nixon,1913—1994)以1916年以来历次大选中最少的选举人票当选为美国第37任总统,而国会依然控制在民主党手中。

自1930年代罗斯福新政以来，美国政府大规模地干预经济生活，使美国经济长期保持增长趋势。但是，政府干预经济的不断加强，特别是1960年代的常规性赤字财政政策和膨胀性货币政策，却在1960年代中期以后造成了经济停滞与通货膨胀同时迸发的经济困境。加之应付第二次世界大战、美苏冷战的需要和推行"福利国家"政策的影响，长期以来联邦政府和总统个人的权力急剧扩大，引起三权分立制衡机制的失调，宪法危机一触即发。

首先来看当年美国经济停滞的形成。第二次世界大战之后，美国政府划出了巨额的援外开支，与此同时，美国跨国公司的全球扩张也进入新的高潮，美国资本大量外流，而高工资和高福利又进一步推升了美国企业的生产成本，使得美国企业的工业设备投资明显放慢。

相反，西欧和日本的经济却在1950至1960年代获得迅速的恢复和高速的发展。比较之下，美国企业在国内外市场的竞争力日渐衰弱。1965年，美国对日本的贸易首次出现逆差。1966年，美国对西德的贸易也出现了逆差。1968年美国对加拿大的贸易同样出现逆差。到1971年时，美国的对外贸易终于出现了整体逆差，来自国际市场的经济推力停顿下来。

1965年以后的美国劳动生产率也出现了下降趋势。基本上完成了纵向兼并的美国大公司通过垄断价格而保持着高额的利润，不再急于更新生产设备和提高劳动生产率。以至于1966—1970年间美国固定资本更新的年平均增长率下降到5.9%，不仅低于

1961—1966年间的12.17%，而且低于1947—1966年间的年平均增长率6.94%。1966—1970年间的美国人均小时产值指数也仅提高了7.7%，成为第二次世界大战以后美国劳动生产率增长最慢的5年。另外，1966—1977年间美国的科研经费和发展经费也出现了逐渐下降。这些因素都产生了釜底抽薪的效果，削弱了美国经济的增长动力。

最后，1971年开始，石油输出国组织提高了石油价格。1973年中东战争爆发后，石油输出国组织又对美国等支持以色列的西方国家禁运石油，触发了能源危机和世界性的石油价格暴涨。石油价格的飙升急剧拉高了美国企业的生产成本，令美国公司的利润率猛烈下跌。利润的下跌使得美国资本家不愿意扩大生产和增加投资，致使美国的投资率在同期远低于日本、西德和英国。这样，美国经济在1960年代末期便进入一个长期停滞的阶段。

下面再来看美国当年通货膨胀的情况。战后以来，为了应付庞大的财政赤字，美国政府不断增加公债的发行数量。1960至1965年间政府公债的年增长率为11%，1965至1970年间升至18%，1970至1975年间更猛增到42%。政府向银行出售公债，或抵押公债向银行借款，而银行则将购买公债款或政府借款作为存款列入政府往来账户，供财政部随时支取。银行因为增加了这笔虚假存款得以扩大其对外放款，放出的款项又回过头来派生出新的存款，新存款又生出新的放款，如此连锁反应便导致了最重要的现代货币供应手段——活期存款的急剧扩大，以致通货膨胀不

195

断恶化。

同时，配合联邦政府的赤字开支，美国联邦储备银行也采取了廉价货币政策，不断增发货币和实行信用扩张，进一步加大了美国的货币供应量。1967至1968年间美国货币发行增长率高达7.6％。而且，美国联邦储备银行还多次降低贴现率和商业银行活期存款准备金比率，为银行信贷的大规模扩张创造条件，并通过公开市场活动购进政府证券，使商业银行增加现金存量、扩大放款能力。

此外，在消费信贷刺激下不断恶性发展的美国私人债务也构成了推波助澜的因素。1946年时，美国以分期付款为主的消费信贷为84亿美元，而1969年时已增至1225亿美元。美国公司的净债务也在1960至1969年间猛增了142％，从3028亿美元增至7342亿美元。

上述种种因素交相作用，终于使通货膨胀在1960年代后期成为困扰美国经济的恶魔，美国经济学家称其为"奔驰性通货膨胀"。

美国的政治地平线在1960年代末期也出现了重大的变动。一位年轻的国会议员助手凯文·菲利普斯（Kevin P. Phillips）在其1969年出版的著作《崛起的共和党多数》中指出：美国人从东北部和中西部向"阳光地带"的大迁移以及新兴的中产阶级从城市向郊区的大迁移，将使自"大萧条"以来形成的民主党多数转变为新的共和党多数。

越战泥坑和国内动乱也使美国民众加剧了对民主党政府的不信任情绪。包括部分蓝领工人、南部白人、中下层中产阶级、中西部和西部的共和党选民等所谓"沉默的多数"正在悄然成为左右美国政局的主体力量。

学社会课，在不小的程度上，不论在小学还是在大学，都是在学习愚蠢。

——［美］朱尔斯·亨利

尼克松经济学

针对迫在眉睫的经济滞胀困境，尼克松的经济顾问委员会主席保罗·麦克拉肯（Paul Winston McCracken，1915—2012）认为："伟大社会"的巨额开支是造成通货膨胀的原因，经济顾问阿瑟·伯恩斯（Arthur Burns，1904—1987）教授也建议尼克松大规模地削减开支。芝加哥学派的货币主义权威米尔顿·弗里德曼（Milton Friedman，1912—2006）则确信：只要停止货币供应量的增长并提高利率，半年之内便可以制止通货膨胀。

于是，1969年4月14日尼克松总统提出了"姑且一试"计划，采用传统经济学与货币主义相结合的财政与货币紧缩政策。为此，尼克松削减了联邦预算，停止实行投资税优惠，财政部和美国联邦储备银行密切配合，紧缩货币，提高利率。

不料，"姑且一试"不但没有制住通货膨胀，反而引发了战后美国的第5次经济危机。1969年11月至1970年11月之间，美国国民生产总值下降1.1%，失业率上升到6%，失业人数高达503

万，消费物价不仅不降反而升高了 6.6％。雪上加霜，经济衰退与通货膨胀双管齐下，使美国经济陷入滞胀的困境。

滞胀是指停滞性通货膨胀。在正常情况下，经济衰退发生时，失业会增加，收入会减少，消费受到抑制，物价也会呈现持续下降。但是，发生滞胀时却恰恰相反，在经济衰退的同时，物价不仅不降，反而还会持续上涨，形成高通胀、高失业和低经济增长的进退维谷的经济僵局。

1970 年夏天，佩恩中央铁路公司破产，造成美国历史上最大的公司倒闭事件。几个月后，洛克希德飞机公司也因无力偿债而险遭破产。经济形势的恶化使企业界对尼克松政府日益不满。1970 年中期选举时，共和党在国会和州长选举中连连失利。

在经济与政治的双重压力之下，尼克松放弃"姑且一试"，掉头回归凯恩斯主义的赤字财政政策。1971 年 1 月 4 日，尼克松在电视演说中宣布，他要用赤字财政来实现充分就业。随后，尼克松政府开始大行赤字预算，1972 年大选年来临时联邦开支增长了 10.7％。同时，1972 年的货币供应量也增长了 9％。

然而，赤字开支和增发货币在刺激经济出现好转的同时，也在 1971 年 5 月和 7 月接连引爆了两次"美元危机"，迫使美国政府于 1971 年 12 月和 1973 年 2 月两次宣布美元贬值，导致战后形成的以美元为中心的西方货币体系解体。

而 1971 年 8 月 15 日，尼克松政府采取的冻结工资、物价、房租和红利 90 天的新经济政策则严重损害了美国有组织工人的利益。

1972年，美国经济在尼克松的猛药之下出现暂时好转，使他感到赤字开支和管制工资与物价已无必要，转而又回到了传统的共和党经济老路上来。1973年初，尼克松压缩了联邦赤字开支，撤销了"伟大社会"的112项计划，放松了对工资和物价的管制。

结果通货膨胀在第三季度重新上升到7.5%，加之1973年10月间的中东战争引发石油价格暴涨，到1974年4月美国的通货膨胀突破两位数升至12.2%，6月间美国的工业生产也开始下降。战后美国最严重的第6次经济危机到来，尼克松执政5年来的经济政策以失败而告终。

尼克松偏爱外交事务。在外国大使递交国书的仪式上,在首脑会议上与俄国人相互祝酒中……尼克松感到自己就是自由世界的领袖。

——［美］约翰·埃利希曼

尼克松主义

1968年时,美国干涉越南的部队多达54万人,驻扎在欧亚大陆及其邻近岛屿的美军达100多万,活动在远离本土的军舰上的美军有30万人,维持着海外军事基地2000多个,为40多个国家和地区承担正式的保护义务。与此同时,在经济和军事上,美国与其对手和盟友的力量对比却在相对下降。

战后美国历届政府所推行的全球扩张战略终于走到了力不从心的地步,美国充当世界警察到处侵略干涉的对外政策逐渐丧失国内的支持。面对新的国内国际环境,尼克松对战后美国的对外政策做出了重大的战略调整。

1969年7月25日,尼克松在关岛对记者发表非正式谈话,提出了后来被称为"尼克松主义"的"关岛主义",表明了美国将实行战略收缩的意图。随后,在其1969年11月3日的演说和1970年的对外政策报告中,尼克松进一步提出了以"伙伴关系、实力和谈判"为三大支柱的新和平战略，有限地收缩美国力量，寻求有利于美国的国际均势，在政治、经济和军事等各方面全面调整与盟友、苏联和中国的关系。

沿着这条思路，尼克松修改了美国的安全战略理论。在战略核力量方面，以"充足的军事力量"代替显明的核优势；在常规力量方面，以"一个半战争"战略代替"二个半战争"战略；在"自由世界防务"上与当事国和盟国分摊负担、分担责任。1968年时美军现役人员共354.7万，到尼克松下台前已减少到216.1万人。军费开支有了大幅度减少，海外驻军也恢复了"欧洲第一"的方针。

在1971年的一系列对外政策报告中，尼克松对世界形势和美国外交提出了新的设想。7月6日，他在堪萨斯城声称10至15年之后美国、苏联、西欧、日本和中国将成为世界五大经济权力中心。根据新的外交均势理论，尼克松政府改变了长久以来孤立中国的政策。

1971年4月6日，美国乒乓球队应邀访华，"小球转动大球"，中美关系开始解冻。同年7月9日，尼克松总统国家安全事务助理亨利·基辛格（Henry Alfred Kissinger, 1923— ）博士秘密访华，会晤中国总理周恩来，7月15日中美两国同时发表公告，宣布尼克松总统将于来年访问中国。

1971年10月25日，联合国大会以压倒多数通过决议，恢复中华人民共和国在联合国的一切合法权利，同时驱逐了国民党政府的台湾代表。1972年2月21至28日,尼克松访问中国,中美两国联合发表《上海公报》,标志着中断20多年的中美交往初步恢复,中美关系的历史揭开了新的一页。

中美关系的改善也刺激了美苏关系的"缓和"。1971年4月,苏共中央总书记勃列日涅夫(Leonid Brezhnev,1906—1982)在苏共第24次代表大会上正式提出了以"缓和"为核心的六点和平纲领。当年9月3日,美、英、法与苏联签订了《柏林协定》,基本解决了东西方在德国问题上的争端。

1972年5月22至30日,尼克松访问莫斯科,会晤苏联首脑,美苏签署了联合公报等9个文件,两国战略武器谈判取得一定的进展,随后双方在太空计划、环境保护、医疗卫生、科学技术和贸易往来等领域都扩大了合作。1973年勃列日涅夫访美,1974年尼克松再次访苏。但是,两国的"缓和"外交未能取得重大进展。

在改善与中国和苏联关系的同时,尼克松一直为在越南实现所谓"体面的和平"而挣扎。为了把美军"体面地"撤出越南,尼克松采取了"越南化计划"和以武力为后盾的巴黎和谈。1969年6月,尼克松在中途岛宣布首次从越南撤出2.5万美军。同时全面加速越南化计划,推动越南阮文绍政权大力扩军,并以大量的新式武器、舰艇和飞机武装南越军队,使其可以在美军撤出后单独作战,维持南越政治现状。

到1970年4月,美国已从越南撤出了11.5万人,而南越军队却仍无力填补美军留下的真空,同时巴黎和谈也还毫无进展。

尼克松于是决定采取新的战争行动，企图继续以武力压服北越。4月30日，尼克松宣布了美军入侵柬埔寨的行动，结果在美国激起强烈的抗议浪潮，迫使他于6月底撤出入侵柬埔寨的美军。

1971年和1972年间，尼克松继续玩弄软硬兼施、以打促和的策略。但是，越南的战局毫无改善，而美国国内的公众支持率却一路下跌。

1973年1月8日，尼克松政府被迫回到谈判桌上来。1月15日，美军同意在停火后60天内全部撤出越南，北越则释放美国战俘，越南政权问题留给越南各方自行协商解决。1月27日，美国、越南共和国（南越）、越南民主共和国（北越）及"越南南方民族解放阵线"（又称越共）正式签署《巴黎和平协定》，历时12年的越南战争宣告结束。

> 我在水门事件上的过错,给这个国家带来了极大的痛苦,笔墨无法形容我深切的遗憾和悲伤。
>
> ——[美]理查德·尼克松

水门事件

1972年6月17日凌晨,5个夜盗者潜入民主党总部——位于首都华盛顿的水门公寓,安装完窃听器准备离开时,被警察逮捕。当天下午,5人当中的詹姆斯·麦科德(James W. McCord Jr.)在审判席上说出了自己的职业——前中央情报局安全顾问。

第二天上午,联合媒体率先报道:总统竞选连任委员会的电话名录上有詹姆斯·麦科德的名字,6月20日的《华盛顿邮报》的头版大标题为《白宫顾问涉嫌窃听》。两周后,5个窃贼与其他2个人一起受到起诉,一个是白宫顾问、前中央情报局特工霍华德·亨特(E. Howard Hunt Jr.),另一位就是总统竞选连任委员会的律师戈登·利迪(G. Gordon Liddy)。

1973年3月,水门事件被告之一詹姆斯·麦科德供认:争取总统连任委员会和白宫都卷入了水门事件。在随后的司法调查过程中,尼克松进行了一系列的掩盖真相和阻碍调查的活动。但是,在舆论界、司法界和众议院的联合围剿下,还是走到了山穷水尽的地步。1974年8月8日，尼克松挥泪告别白宫，成为美国历史上第一个辞职的总统。

实际上，水门事件涉及的非法活动，在美国的两党政治中并不少见。从1930年代开始就有对公民电话的窃听。麦卡锡主义横行的时代，美国政府胡作非为更是骇人听闻。相比之下，水门事件本身不足为奇。这样一个小插曲之所以掀起了巨大的政治波澜，一方面反映了战后美国总统权力的恶性膨胀已经走到了末日，三权分立的美国政治机制根据抑制总统权力的现实需要做出了必要的内部调整；另一方面，尼克松执政以来触犯了美国东部权势集团的利益，又一再压制和交恶新闻界，为其倒台埋下了致命的伏笔。

总体而言，尼克松是一位坚定强硬、敢作敢为、灵活而又现实的政治家。1969年，他在美国内外交困、处于重大历史转折关头之际上台执政，面对国内的政治动荡、社会危机、经济滞胀等一系列的困难，尼克松以强势总统的姿态左冲右突、左摇右摆、不断尝试各种理论的和现实主义的解决办法却始终未能走出困局。

但是，在应对同样是困难重重的国际问题上，尼克松不同寻常的大胆风格和现实主义作风却赢得了结束越南战争、重建中美关系、缓和美苏对抗等改写世界格局的重大成就。

1974年，他在以压倒性优势再次当选、登临所谓"帝王总统"的权力巅峰之后，却因为与立法部门、新闻界和东部权势集团的紧张关系而在"水门事件"的小插曲中翻船落马，黯然下台。

尼克松于1994年逝世。过去的岁月不算久远，但是作为一个历史人物，我们仍需将他放回那些属于他的历史环境之中，才有可能做出些许相对而言比较公允和客观的评析。

> 我清楚地知道，我不是你们投票选出来的总统。因此，我要求你们批准我：做你们祈祷的总统。
>
> ——［美］杰拉尔德·福特

福特—卡特时期

尼克松总统被迫辞职后，副总统杰拉尔德·福特（Gerald Rudolph Ford，1913—2006）于 1974 年 8 月 9 日午夜 12 时 3 分，在白宫东厅宣誓接任美国总统。

福特原名小莱斯利·林奇·金（Leslie Lynch King, Jr.），出生两周后因父母分居而随母亲迁居大急流城（Grand Rapids）的外婆家。两年后，随母亲改嫁油漆商福特而改称现名。学生时代的福特，是密歇根大学和耶鲁大学的优秀生和橄榄球明星。第二次世界大战时曾任海军少校，1948 年成为共和党国会议员，1965 年当选众议院少数党领袖。

1973 年 12 月，福特接替因漏税丑闻而辞职的斯皮罗·阿格纽（Spiro Theodore Agnew，1918—1996）出任美国副总统。9 个月之后，又接替因水门事件而下台的尼克松成为美国第 37 任总统。福特的妻子这样描述他："他以偶然的机会当了副总统，又以偶然的机会当上了总统，两次都是接替了丢人现眼的首脑辞去的职务。"

福特从前就支持尼克松的内外政策,他上台后的政策也被认为是"没有尼克松的尼克松政策"。但是,为了平复水门事件对美国政治机制所造成的创伤,福特也做出了自己的一系列努力。

入主白宫后,福特下令拆除了总统办公室的电子监听装置,大赦越战逃兵和拒服兵役者。任命唐纳德·拉姆斯菲尔德(Donald Rumsfeld,1932—2021)替换尼克松政府的白宫办公厅主任,挑选东部权势集团代表人物百万富翁纳尔逊·洛克菲勒(Nelson A. Rockefeller,1908—1979)出任副总统,试图扩大其执政的政治基础。

不过,福特随后对尼克松总统的"绝对赦免"却震惊和动摇了美国公众的信任,也开启了他与国会的一连串分歧与冲突。在内外交困的历史处境下,福特政府既没有走出经济滞胀,外交上又因为对第三世界挑战的长期忽视而陷入更加困难的局面。

1976年,鲜为人知的前佐治亚州州长吉米·卡特(Jimmy Carter,1924—)在总统大选中脱颖而出,击败共和党在任总统福特,以令人耳目一新的平民主义姿态入主白宫。

卡特1924年10月1日生于美国佐治亚州普兰镇一个花生农场主家庭。1941年至1943年先后在佐治亚州西南大学和理工学院读书。1943年入学马里兰州美国海军军官学校,1946年毕业后加入海军服役7年。1953年其父去世,卡特退役还乡继承父业,退役时军阶为海军上尉。到1970年代中期,卡特农场拥有土地3100

英亩，资产总值100万美元。1970年，被称为"乡下佬"的卡特竞选成功，成为佐治亚州第76届州长。

卡特入主白宫后，一改新政以来民主党人的自由主义改革纲领，在国内政策上转向保守主义，不惜以经济衰退和高失业率为代价反对通货膨胀，削减社会保障开支，取消和减少对企业的管制，在劳资纠纷中采取反劳工立场。结果经济形势更加恶化，在1979年能源危机的打击下经济滞胀进一步深化，将卡特政府推进了政治绝境。

在外交上，卡特总统起初强调理想主义的"人权外交"，而后转向强调实力外交的"卡特主义"，声称以武力等一切手段回击国际恐怖主义和苏联的全球扩张主义，实际上却在与苏联的战略对抗中屡受挫折，不过顺利实现了中美关系的正常化。

1980年卡特争取连任落选，离开白宫时，被认为是政绩最差的美国总统之一。但是卸任后，卡特频繁出访世界各地，到处倡导民主和人权事业，力争成为最受尊敬的卸任总统。

> 里根是最没文化、最不好学的白宫主人。他的许多亲信都被他惊人的无知所震撼。
>
> ——［美］奥利奥·斯通

里根－布什时期

1970年代末期，新政式国家垄断资本主义导致的经济滞胀已经积重难返，加之两次能源危机的打击，美国整体国力严重下降，人民生活水平下滑，国内怨声载道，国际地位衰落，不仅无力阻止苏联扩张，连古巴、越南和伊朗等小国也对付不了。

内外交困的局势推动美国社会思潮和政治气氛急剧右转。1980年总统大选之际，号称"右派北极星"的加利福尼亚州州长罗纳德·里根（Ronald Wilson Reagan，1911—2003）以压倒性胜利冲垮了美国自由主义半个世纪的政治优势，击败在任总统卡特，当选为美国第40任总统。

1981年就任美国总统时，里根已是70岁高龄。里根做过广播电台的体育节目播音员，也曾是好莱坞的电影演员。涉足政坛之后，里根找到了自己最热衷的事业——政治，他说："当体育节目播音员时，我觉得很荣幸，以为那就是我对生活的全部追求。后来有机会到好莱坞从事演出，我觉得更加荣幸。现在想起来，我目前所从事的工作使以往的所作所为像洗碗水一样索然无味了。"

里根总统上台后,从极端保守的意识形态出发制订和实施其国内外政策。对内推行"里根经济学",大规模减税、削减社会福利开支、放松政府对经济的管制,同时大幅度增加军费开支。经历战后以来时间最长、程度最重的一次经济衰退之后,自1982年年底开始经济复苏,初步冲破滞胀的罗网,实现了连续6年的低通胀下的经济增长,提升了美国的经济和军事实力。在对外政策方面,里根总统采取强硬的鹰派立场,在冷战中对苏联转守为攻,狂热地争夺世界领导权和国际霸权。

里根总统任内,美国财政赤字累计高达16673亿美元,是204年中历届美国政府累计财政赤字总额的1.8倍。1980年他上台前美国国债为1.7万亿美元,1988年他离任时美国国债已高达2.6万亿美元。美国也从1982年的世界最大债权国变成了1986年时的世界最大债务国。1988年年末,美国外债总额为5760亿美元,支付利息约为400亿美元。外贸赤字从1981年的25亿美元左右,增至1986年的1700亿美元。

在里根执政的8年中,乔治·布什(George Herbert Walker Bush,1924—2018)一直是一位对总统极端忠诚的副总统。由于里根时期美国经济持续发展,通货膨胀受到抑制,失业率创14年来的最低点。因此,在1988年的总统选举中,美国多数选民继续支持现政府的各项政策,将54%的选票投给了共和党总统候选人乔治·布什。

1989年上台的乔治·布什总统，完全沿袭了里根时期的内外政策。外交上适逢苏联解体，坐享美苏冷战的结束之利，稳定了中美关系，取得了1991年"海湾战争"的胜利。但是，乔治·布什在内政上却无所作为，开始领受里根政府留下的高赤字、高国债、高贸易逆差、高利率和贫富悬殊等严重的政策后果，目睹连续12年的美国保守主义高潮由盛而衰。

> 很多时候感觉自己身处一个舞台，批评者和反对者就坐在观众席里看我的表演，有时他们会不停地向我投掷西红柿和鸡蛋，而这时的我只想着怎样演好自己的角色。
>
> ——［美］比尔·克林顿

克林顿时期

1992年大选来临之前，美国失业人数达到1982年经济衰退以来的最高水平，国民生产总值增长率跌至1930年代大萧条以来的最低水平，工人薪水停滞，中产阶级收入下降，贫困人口创1964年以来新高，30多个州财政严重困难。因此，在大选前夕，赢得海湾战争的布什总统的选民支持率却降到了半个世纪以来历届总统的最低点——只有29％。

1992年10月11日，《华盛顿邮报》的社论指出："这个国家正漫无目的地漂流，疲惫不堪；它需要重新输入能量，需要指明崭新的方向。比尔·克林顿是唯一有机会做到这一点的候选人。"

11月大选的结果是，久经沙场的最后一位"二战老兵总统"——乔治·布什败给了二战后"婴儿潮"时期出生的"逃避兵役者"——比尔·克林顿（Bill J. Clinton，1946— ）。共和党人长达12年的保守统治让位于聚焦经济复苏的民主党政府。

克林顿政府继承了民主党的"新政"主要传统，同时也采用了某些共和党的做法，自称是走在"中间道路"上的新自由主义者和新民主党人。在其8年任期中，克林顿总统集中精力振兴经济，推动科技进步，优化产业结构，创造了美国经济史上历时最长久的低通胀、低失业和高速增长的繁荣时期。

美国经济实力显著增强，在电脑、国际互联网和通信等高技术领域中出现的高度繁荣现象，甚至被一些经济学家认为是"新经济"时代来临的标志。在1997—1998财政年度，克林顿政府制服了联邦财政赤字的痼疾，美国财政30年来首次实现盈余，美国失业率降至30年来的最低水平，社会保障的覆盖范围达到最广泛，没有医疗保险的美国人从1999年开始12年来首次大幅度下降。财政出现盈余，也使政府加大了对教育和环境保护方面的投入。

在种族和睦方面，克林顿政府也做出了努力。克林顿总统因而获得了美国黑人90%的支持。2000年9月16日，在与黑人国会议员共进晚餐时，克林顿总统发表演讲说："我从心底里感谢你们。托尼·莫里森曾说，我是这个国家第一位黑人心中的总统。对我来说，这个荣誉胜过诺贝尔奖。"

在外交上，克林顿政府以冷战后唯一超级大国的国际地位傲视全球，继承了布什政府的世界战略思想，继续构建美国主导下的"世界新秩序"，把地区冲突、大规模杀伤性武器扩散、极端民族主义、种族冲突、国际恐怖活动、毒品走私、环境保护、非法移民等问题视为美国战略安全的主要威胁，在对外政策上表现出了更多的实用主义、投机主义和单边主义特征。

在国际经济方面，克林顿政府继续强调公平贸易主义，既注重建立双边谈判与磋商机制，也借助世界贸易组织、亚太经合组织、巴黎俱乐部等多边机构来扩大美国的国际贸易、投资和经济利益。北美自由贸易协定和关贸总协定的批准，是克林顿政府经济外交上的最大成就。

对于自己的施政才干，克林顿不无得意。他曾经表示，如果没有任期限制，他仍然可以连任总统。在他卸任前夕，2000年12月的盖洛普民间调查显示，民众对克林顿的支持率高达66％。这是自1952年盖洛普民意调查创办以来最高的一次民众支持率，超过里根总统和艾森豪威尔总统的纪录。尽管如此，克林顿任期内也并非一路欢歌。众所周知的"莱温斯基丑闻案"，使他成了美国历史上第一位因为"作伪证"而受到弹劾起诉的在任总统。

> 美国的意志正在受到考验，毫无疑问，我们将向世界表明，我们能够经受住这一考验。
>
> ——［美］乔治·沃克·布什

乔治·沃克·布什政府

2000年12月13日，共和党总统候选人得克萨斯州州长乔治·沃克·布什（George W. Bush，1946— ）在选民票数落后的情况下以极微弱的选举人票多数险胜民主党候选人在任副总统艾尔伯特·戈尔（Albert Gore Jr.，1948— ），入主白宫，成为美国第43任总统。

这位新世纪的美国第一位总统重新起用了里根时期和他父亲老布什的重要阁僚，如副总统理查德·切尼（Richard Cheney，1941— ）和国防部部长唐纳德·拉姆斯菲尔德（Donald Rumsfeld，1932—2021），以极端强硬的姿态将美国政治引向右转。然而，布什政府的强硬路线并没有给美国带来更多的安全。

2001年9月11日，美国历史迎来了最恐怖、黑暗和沉痛的一天。美国东部时间早上8点45分，一架从波士顿飞往洛杉矶的美国航空公司的波音767客机被恐怖分子劫持，脱离航线，直接撞入纽约的世界贸易中心北塔楼。

8点55分，另一架从波士顿飞往洛杉矶的美国联合航空公司波音757客机也遭到了劫持，撞入世界贸易中心南塔楼，随后引起大爆炸。

9点43分，第三架民航飞机——美国航空公司从华盛顿飞往洛杉矶的波音757客机——被恐怖分子劫持，改变航线，撞毁在华盛顿的美国国防部所在地——五角大楼。现场刹那间腾起50多米高的大火球，五角大楼的西北角侧翼楼结构倒塌。

9点45分，在恐怖威胁之下，美国白宫宣布疏散工作人员。

9点50分，美国民航总局下令全美机场停止飞机起降，全国所有机场宣布关闭。这在美国历史上还是第一次。

9点55分，纽约世界贸易中心南塔楼倒塌，烟灰滚滚，遮天蔽日，瓦砾堆积如山。

10点10分，华盛顿的五角大楼部分倒塌。

10点25分，汽车炸弹在华盛顿的美国国务院建筑外爆炸。

10点27分，纽约世界贸易中心北塔楼倒塌。110层的摩天大楼轰然倒下、夷为平地，昔日的纽约地标、美国最耀眼的标志性建筑之一在震惊世界的"9·11"事件中化为一片凄惨不堪的"零地带"。

10点30分，第四架民航飞机——从新泽西州纽瓦克起飞前往旧金山的美国联合航空公司的波音757客机——遭到劫持，勇敢的乘客与恐怖分子发生空中搏斗，客机坠毁在匹兹堡（Pittsburgh）东南80英里的萨默塞特县（Somerset County）机场附近。

根据美国官方公布的数字，纽约世贸中心、华盛顿五角大楼和宾夕法尼亚州三地在"9·11"恐怖袭击中共有3113人死亡或失踪（不包括19名劫持飞机的恐怖分子）。纽约世贸中心共有2889人死亡或失踪，包括两架被劫持飞机上的147名乘客和机组人员；其中已有658人的家属领取了验尸官签发的死亡证书，1946人的家属在未找到亲人遗体的情况下申领了死亡证书。另有285人被列为失踪。五角大楼有184人死亡或失踪，包括被劫持飞机上的59名乘客和机组人员。在宾夕法尼亚州失事的被劫持飞机上有40人死亡。

据纽约州参议院的经济顾问机构的评估报告，纽约世贸中心的灾难使美国国内生产总值减少6390亿美元。其中，2001年第四季度因此遭受的损失为408亿美元，2002年损失3160亿美元，2003年损失2800亿美元。

美国遭到恐怖袭击之后，布什总统迅速宣布美国处于战争状态，将美国的全球战略调整为重点打击国际恐怖主义。

在"9·11"恐怖袭击之后，奥萨姆·本·拉登（Osama Bin Laden, 1957—2011）及其领导的国际恐怖主义势力"基地组织"也通过卡塔尔半岛电视台公然宣称对"9·11"事件负责。

2001年10月7日，被指责为庇护恐怖分子的阿富汗塔利班（Taliban）政权成为美国"反恐"战争的第一个目标。为了追捕本·拉登等国际恐怖分子，清除"基地组织"对美国的威胁，美国联合英国，对阿富汗发动了代号为"持久自由"的军事打击。

因为双方实力悬殊，阿富汗战争呈现出一边倒的战势。10月7日，阿富汗当地时间下午5时，美英联军开始猛烈轰炸喀布尔（Kabul）、坎大哈（Kandahar）、贾拉拉巴德（Jalalabad）等阿富汗主要城市。面对美国的巡航导弹和高空轰炸机，塔利班毫无还手之力，其防空能力根本不足以自卫，各军事基地和兵营很快便遭到了毁灭性的破坏。

在美国的大规模空袭之下，7万多人的塔利班军队伤亡惨重、士气低落，部队彼此失去联络；而塔利班的主要内战对手"北方联盟"则乘机大举反攻，11月初兵临喀布尔城下。

11月9日，美军对塔利班据守的马扎里沙里夫（Mazzar-e Sharif）实施地毯式轰炸，北方联盟随即展开地面攻势，4个小时之内占领了整个城市。次日，北方联盟横扫阿富汗北部5省，塔利班阵线全面崩溃。

11月12日，塔利班残部退守首都喀布尔。

11月13日，北方联盟攻入喀布尔，仅遭遇零星的抵抗，便轻易夺取了首都。

11月25日，美英联军和北方联盟开始清剿塔利班在阿富汗境内的最后据点——昆都士（Konduz）和坎大哈。

12月7日，两地相继易手，塔利班主要领导人逃亡境外，塔利班政权就此覆灭。

阿富汗战争前后2个月的时间里，共约7000名塔利班军人和"基地组织"成员被俘虏。至2021年5月1日，美军开始撤出在阿富汗的最后一批军队，20年间美军在阿富汗共死亡2442人，美国私人安保承包商雇员死亡3800人，美国对阿富汗战争的累计开支达2.26万亿美元。美国国防部2020年发布的报告称，其中作战成本总计为8157亿美元。

2001年12月22日，美国扶植以哈米德·卡尔扎伊（Hamid Karzai，1957—　）为首的阿富汗北方联盟接管政权、组建临时政府、重建了阿富汗的政治秩序。阿富汗持续27年之久的内战结束了。但是，国际恐怖分子依然藏匿在阿富汗，"基地组织"也仍然在世界各地继续进行恐怖活动。

经过一年多的精心准备之后，2003年3月20日，布什政府又声称为了维护美国的安全必须解除伊拉克的"大规模杀伤性武器"，不顾国际社会的反对，撇开联合国，联络英国、澳大利亚和波兰等国发动了伊拉克战争。

美国拉来进攻伊拉克的联合部队包括25万美军、4.5万英军、2000人的澳大利亚军队和200人的波兰军队。此外还有大约5万人的伊拉克反叛军。丹麦、西班牙和日本等多个国家为联军提供海上及后勤支援。

3月20日，伊拉克当地时间清晨5时30分，伊拉克战争正式打响，美军的巡航导弹和高性能炸弹犹如暴风雨一样倾泻到伊拉克的主要军事目标上。

为了速战速决，美军实施了所谓的"斩首行动"。美军主攻部队——第3步兵师、第101空中突击师和第82空降师的若干部队

——从科威特西北方向的沙漠出发,越过不必攻占的各个城镇,直插伊拉克腹地,向首都巴格达(Baghdad)挺进。与此同时,美国海军陆战队第1远征部队和英国远征军在伊拉克东南部方向,发动了钳形攻势以打开伊拉克的海运通道。随后,美军又在伊拉克北部山区投入了173空降旅和特种部队,并与当地的库尔德民兵(Kurdish militia)结成同盟。

战事进展出人意料地迅速,在美军强大的空袭之下,伊拉克政权和军队很快便陷入瘫痪状态。伊拉克的主要油田设施基本上未经破坏便落入了联军的手中。开战2周之后,英军率先控制了伊拉克第二大城市、南部的石油重镇——巴士拉(Basra)。开战3周之后,4月2日美军兵临巴格达城下,4月9日顺利进入市区,并没有遇到顽强的抵抗。

伊拉克总统萨达姆·侯赛因(Saddam Hussein, 1937—2006)等政府高官突然消失,去向不明,号称52万人的伊拉克共和国卫队仿佛在人间蒸发了,大批伊拉克常规军队向美军投降。伊拉克的萨达姆政权就此倒台了。

4月13日,美国海军陆战队几乎未遇抵抗便占领了伊拉克的最后一块阵地——萨达姆的家乡提克里特(Tikrit)。

4月15日,联军当局宣布伊拉克主要战事结束。从3月20日战争开始到4月15日期间,美军共伤亡262人。

5月1日,布什总统飞抵"林肯号"航空母舰上发表演说,宣布伊拉克战争结束,联军对伊拉克实施军事占领,美英等国将主导伊拉克战后重建工作。

5月12日，美国驻伊拉克军事管理委员会成立。

5月13日，伊拉克临时管理委员会成立。

随后几个月里，隐匿在各地的伊拉克前政要相继在联军的清剿中被俘，12月13日萨达姆总统也被活捉了。

2004年3月8日，美国主持起草的《伊拉克临时宪法》获得通过。6月29日，美国占领当局将伊拉克的行政权移交给了伊拉克临时管理委员会。

伊拉克战争虽然结束了、萨达姆政权倒台了，伊拉克临管会也建立了，伊拉克第一次大选也在2005年1月30日如期举行了。然而，伊拉克境内的安全形势却并没有得到缓解。

相反，伊拉克各地的反美游击战此起彼伏，汽车炸弹案、绑架"斩首"、袭击美军等恐怖事件接连不断。

美英等国占领伊拉克之后，联合国的武器专家和美英军队彻底搜查了伊拉克境内的一切可疑目标，最后做出结论：伊拉克境内并没有美国所宣称的"大规模杀伤性武器"。

2004年4月28日，伊拉克阿布·格莱布（Abu Ghraib）监狱爆出美军虐俘丑闻，令举世哗然。到2010年8月美国战斗部队撤出伊拉克为止，历时7年多，美国在伊拉克驻军不到20万，累计伤亡5万多人，占了总兵力的1/4，触目惊心。2011年12月18日，美军全部撤出伊拉克。

布什政府依凭超级大国的实力以及独断专行的外交政策，激起了许多国家的反感和抵制。美国与阿拉伯国家、伊斯兰世界的矛盾变得更为尖锐和激烈。

在经济方面，布什政府采取了减税刺激投资、美元贬值促进出口等财政政策和贸易保护主义政策。美国经济在2001年11月开始缓慢复苏，2003年第三季度国民经济增长率取得了最高8.2%的积极成效，2004年美国经济表现良好，创造了4.4%的国民经济增长业绩。截至2004年11月，根据美国财政部公布的资料，美国当年外资净流入810亿美元，远高于市场预期，显示了国际投资者对美国债券和美国股市的信心，也有效地缓解了布什政府高达4120亿美元的财政赤字对美元币值所构成的压力。

在社会政策方面，布什政府在"反恐"的旗帜下一定程度上损害了公民的某些自由权利特别是少数族裔受到了更多的限制，引起社会广泛不满。但是，在美国安全形势依然严峻、经济增长差强人意、社会思潮总体趋于保守的大背景下，2004年的总统大选，布什总统以较大的优势击败了民主党总统候选人克里，连任总统。

2005年1月20日，布什总统在华盛顿举行盛大的就职仪式，宣誓就任美国第55届总统，开始他的第二个任期。布什总统在17分钟的简短就职演说中连提27遍"自由"，宣称"保卫美国安全的唯一途径就是促进海外的民主，也只有这样才能消除对美国本土形成威胁的根源"。

布什把全球的事务定义为"自由和独裁的斗争，美国不会在斗争中袖手旁观"。表明布什政府将继续坚持其强硬的外交路线；同时，他也反复强调，全球民主的推进要依靠"国际社会共同努力"来实现，显示出布什政府有意缓和其单边主义路线所引起的广泛不满，争取修复和改善与欧盟等传统盟国的关系，把更多的联盟拉进由美国主导的国际事务中来。

在国内政策方面，布什总统在演说中强调，保持美国经济增长、进行税制改革、社会保障制度改革和削减预算赤字将是政府的主要目标。为了实现这些目标，他呼吁国会两党加强合作把美国建设成为更强大、更繁荣的国家。

> 奥巴马是"陷入僵局的总司令"。
>
> ——《纽约邮报》

非洲裔总统奥巴马

在经济形势一派惨淡的背景下,美国迎来了2008年总统大选。

历经了阿富汗战争、伊拉克战争、金融危机和经济大衰退,共和党政府声名扫地,民心思变,变革成为大势所趋。

2008年11月4日,美国民主党总统候选人、伊利诺伊州联邦参议员巴拉克·奥巴马(Barack Hussein Obama II,1961—)在总统大选中击败共和党对手、亚利桑那州联邦参议员麦凯恩(John McCain,1936—2018),当选为美国第44任(第56届)总统,成为美国历史上首位非洲裔总统。

2009年初,奥巴马正式入主白宫,作为二战以来资历最浅的总统,麾下旧部有限,任用的主要是克林顿时代的旧人。国务卿是克林顿夫人希拉里,首席阁僚白宫办公厅主任是克林顿总统的高级顾问伊曼纽尔(Rahm Emanuel,1959—);国家经济委员会主任是克林顿政府的财长劳伦斯·萨默斯(Lowrence Henry,1954—);财长蒂莫西·盖特纳(Timothy Geithner,1961—),也曾在克林顿政府的财政部工作。

由于信贷紧缩、经济疲软及消费者信心下挫，美国汽车销量10月份骤降32%，创出17年来月销量最低。11月7日，通用、福特汽车公司的第三季度财报双双报出巨额亏损。11月18日，面临破产风险的三大汽车巨头通用、福特、克莱斯勒强烈要求政府提供250亿美元救助资金，并称若不能获得注资，将给美国经济带来灾难性后果。次日，财政部授权向通用汽车和克莱斯勒公司分别提供134亿美元和40亿美元的政府贷款。

2009年2月17日，奥巴马签署《美国复苏与再投资法案》，拨款7870亿美元提振经济，其中2880亿美元用于减税、1440亿美元用于州与地方政府的医疗和教育开支、3550亿美元用于联邦开支和社会项目。

次日，奥巴马又抛出《购房者偿付能力与稳定计划》，紧急出资750亿美元救助房市，防止约900万美国家庭因无力偿债而丧失住房。

2月26日，联邦存款保险公司宣布"问题银行"增至171家、25家银行破产，为1993年以来最糟状况。

3月2日，财政部与美联储联合宣布，注资300亿美元重组美国保险业巨头美国国际集团，另出400亿美元收购其优先股。该集团2008年亏损达993亿美元。

3月3日，财政部和美联储又宣布实施期限资产支持证券贷款计划，资金规模达1万亿美元，以稳定信用卡贷款、助学贷款、汽车贷款和中小企业贷款市场。

3月18日,美联储宣布购买3000亿美元长期国债、1.25万亿美元的抵押债券、2000亿美元的机构债,向金融市场注入海量流动性。

经过宽松货币政策和大规模的财政救助,美国金融市场在2009年4月间逐渐稳定下来。不过,风暴洗劫后的市场依然噤若寒蝉。

5月27日,联邦存款保险公司宣布,"问题银行"从2008年底的252家增至305家,2009年第一季度新增21家银行倒闭,为1992年以来最糟糕季度。

8月25日,奥巴马总统提名伯南克继续担任下届美联储主席。10月14日,美国股市道指自2008年10月3日以来首次重返万点大关。12月2日,美国银行宣布回购早前出售给财政部的450亿美元的优先股,表明大银行的资金状况已有好转。12月14日,花旗集团也宣布回购其出售给财政部的200亿美元股份。

6月16日,"两房"(房利美①、房地美②)收到美国联邦住房

---

① 房利美(Federal National Mortgage Association,简称:Fannie Mae),即联邦国民抵押贷款协会,成立于1938年,是最大的"美国政府赞助企业",在二级房屋消费市场上提供流动资金的专门机构。2008年次贷危机后由美国联邦住房金融局接管,从纽约证交所退市。

② 房地美(Freddie Mac),即联邦住宅贷款抵押公司,是第二大的美国政府赞助企业(GSE,Government Sponsored Enterprise),商业规模仅次于房利美。1970年由国会批准成立,作为旨在开拓美国第2抵押市场,增加家庭贷款所有权与房屋贷款租金收入。

金融局（FHFA）的指令，将从纽约证券交易所退市。退市的表面理由是，"两房"股价持续一个月内低于 1 美元，低于纽约交易所对上市公司股价的最低要求。次贷危机前，两房股价从 65 美元左右的高点坠落，长期维持在 1 美元左右的价位。"两房"退市的实质原因是，在就业形势严峻、财政赤字越来越重的情况下，美国政府已经没钱再救"两房"，直接把包袱还给了已经基本站稳的金融市场。

在社会政策方面，2010 年 3 月 21 日晚，美国国会终于通过了再三删改的医改法案，推动耗时近 100 年的医改立法取得历史性突破，意义深远。美国医保体系耗资大、效率低，从杜鲁门总统起，历届民主党总统都发起了医改法案，但均因利益集团的阻挠而失败。奥巴马趁着民主党控制国会两院的有利形势，以医改为主政方向，最终创造了历史。根据该法案，美国政府今后 10 年将投入 9400 亿美元，新增 3200 万医保人口，医保覆盖率从 85％提升至 95％。

法案生效后的第一个 10 年内有望减少美国财政赤字约 1380 亿美元，第二个 10 年内减赤约 1.2 万亿美元，对防止美国长期财政赤字的失控具有战略意义。

2010 年 4 月 20 日，美国路易斯安那州威尼斯东南约 82 公里处的一座海面钻井平台发生爆炸起火，沉入墨西哥湾。油井泄漏的原油扩散至美国墨西哥湾沿岸所有 5 个州，从东部的佛罗里达到西部的得克萨斯，发现油污的范围横跨近 900 公里。此事成为美国历史上最严重的环境灾难事件，对墨西哥湾沿岸的生态、渔业以及旅游业造成沉重打击。

2010年7月21日，美国总统奥巴马签署金融监管改革法案，标志着历时近两年的美国金融监管改革立法完成。这项法案名为《多德－弗兰克华尔街改革与消费者保护法》，致力于保护消费者，强化金融监管，抑制银行、抵押贷款和信贷企业滥用权力，以避免2008年的金融危机重演。该法案被认为是奥巴马政府的又一项立法成就。

在对外政策上，奥巴马打出"变革外交"的旗号，改变布什的"牛仔外交"和单边主义路线，重回克林顿时代的"国际主义路线"，不再单纯依靠军事和经济力量来追求美国目标、美国价值，转而寻求与国际社会的广泛合作，力图重塑美国的国际形象、保持其世界领袖地位。

为此，奥巴马淡化了布什政府坚持的"反恐"关键词，调整美国海外干预行动，将驻伊拉克美军逐步撤回美国，同时不断向阿富汗增兵，显示出"反恐东移"的新战略。

2011年5月1日，美军在距巴基斯坦首都伊斯兰堡约64公里处的阿伯塔巴德市击毙基地组织头目本·拉登。同年12月18日，最后一批驻伊美军约500人撤离伊拉克，标志着历时近9年的伊战正式宣告终结。当年基地组织发动"9·11"恐怖袭击只花了50万美元，而阿富汗战争和伊拉克战争却耗费了美国4万亿美元。

在拉美政策上，布什时期采取冷淡政策，美拉关系下滑。奥巴马执政后，刻意重塑美拉关系，并放宽了限制古巴的一系列措施。

在改革国际金融体制、自由贸易区域协定、世界民主进程、非传统能源开发利用等议题上，奥巴马政府积极重塑美国的全球主导地位。

另外，随着近年来"页岩气革命"的悄然降临，美国非常规天然气开发速度大大超出想象。美国不仅不再需要进口液化天然气，而且用自身液化天然气快速替代柴油，以及在页岩气开发中意外收获的大量页岩油，也使美国对中东石油的需求直线下降。2010年美国对中东地区石油依赖只有8000万吨，而替代8000万吨原油仅需要1000亿立方米天然气。从2008年到2010年三年的时间，美国页岩气产量就净增加了1000亿立方米。

根据美国能源部2008年8月的报告，美国油页岩换算成页岩油约2万亿桶（3000亿吨），约占全球资源量的77％，远远超过中东石油的总储量。自2005年以来，美国页岩气的生产有了很大发展，2009年美国以6240亿立方米的产量首次超过俄罗斯成为世界第一天然气生产国。产量地位的更替使美国天然气消费长期依赖进口的局面发生逆转，到2020年美国成为天然气净出口国。

2012年11月，在美国经济明显复苏、国内外形势相对有利的背景下，奥巴马顺利击败共和党总统候选人马萨诸塞州州长威拉德·米特·罗姆尼（Willard Mitt Romney，1947—　），成功连任美国总统。

2015年美国超越俄罗斯和沙特成为世界第一大油气生产国。而页岩革命带来的美国能源自给，正在吸引制造业回归美国，再次证明科技在改变全球经济格局。

奥巴马执政8年，美国经济从衰退到复苏，美国家庭年收入在2016年创下美国历史上最大增幅。2013年勉强通过了金融改革法和医疗改革法案，但两个法案都夹杂了太多的妥协，实际效果不明显。共和党控制众议院，民主党控制参议院，两党因为债务上限问题等纷争甚至导致联邦政府一度关门。

在外交方面，奥巴马政府对中东北非地区的所谓"阿拉伯之春"应对不利，饱受批评。2014年以后，美国又在叙利亚危机、乌克兰危机上接连失分，战略颓势和疲态尽显，昔日超级霸权的傲慢气势已然泄去了许多。

值得一提的是，奥巴马是首位就任一年内访问中国的美国总统——2009年11月15日开始对中国进行为期4天的国事访问。2015年7月美国与伊朗、英国、法国、俄罗斯、中国和德国达成"伊核协议"（JCPOA）。2016年3月奥巴马成为1928年以来首位访问古巴的美国在任总统，推动了美国与古巴关系的正常化。2016年4月在纽约，奥巴马政府与178个缔约方一道签署了应对全球气候变化的《巴黎协定》。

特朗普的女儿伊万卡和女婿库什纳，2020年的收入为1.2亿美元，较前一年收入1.56亿美元下降20%。美国官员仅需披露其资产价值和非政府收入的大致数额。

——白宫官员财产披露数据

推特总统特朗普

2016年11月8日，共和党总统候选人唐纳德·特朗普（Donald Trump，1946—　）击败民主党总统候选人希拉里·克林顿，当选美国第45任总统（2017年1月20日—2021年1月20日）。

特朗普生于美国纽约，是德裔房地产商人，兼营博彩娱乐业。特朗普个性张扬，好出风头，高调运用社交媒体动员选民，入主白宫后，经常直接在推特上宣布许多重要决定，被戏称为"推特治国"。特朗普对此毫不介意，说推特是他对抗媒体"唯一的防御形式"，从不后悔发出4万多条推文中的任何一条。但推特却不领情，2021年1月8日，没等他卸任，推特就宣布永久封禁特朗普的账号。

特朗普当选前从未涉足政坛。当选后，在白宫第一次拜会奥巴马，他才知道总统公务这么多，责任这么大，令他深感意外。而他就职后搬入的白宫将是一座空楼，原班工作人员都会随奥巴马一起撤离。

作为异军突起的政治素人,特朗普犹如一匹独狼,组阁时无人可用,共和党内高层袖手旁观,都等着看他的笑话。他只好从商界邀请一批富豪朋友入阁,而这些商人也缺乏政治经验。

特朗普招来的治国班底,主要有四派人马:一是极右翼民粹派,以"白宫师爷"首席战略师史蒂夫·班农(Steve Bannon)和总统政治顾问斯蒂芬·米勒(Stephen Miller)为代表;二是共和党建制派,以共和党全国委员会主席、白宫幕僚长赖因斯·普里伯斯(Reince Priebus)和新闻发言人肖恩·斯派塞(Sean Spicer)为代表;三是纽约客,以女婿贾里德·库什纳(Jared Kushner)和总统经济顾问加里·科恩(Gary Cohn)等为代表,观念倾向于民主党和自由派;四是军方武将,以总统国家安全顾问、陆军中将赫伯特·雷蒙德·麦克马斯特(Lt General Herbert Raymond McMaster)、国防部部长、海军陆战队四星上将詹姆斯·马蒂斯(General James Norman Mattis)和国土安全部长、海军陆战队四星上将约翰·凯利(General John Kelly)为代表。

各路人马山头林立,围绕着利益展开厮杀,把白宫变成了狼烟四起的权力角逐场,"分裂和互斗"成了白宫运转的"根本动力"。而高居"王座"的特朗普总统,本是一位商界枭雄,"喜怒无常、经常咆哮怒骂"的老板,一向唯我独尊,作风强悍,刚愎自用,毫无传统政治家的圆滑与耐性,不熟悉复杂微妙的官僚体系,遭到共和党、民主党和媒体的三路夹攻,搞得手忙脚乱,白宫内外状况选出。

各种纠缠酣斗之后，民粹派班农和建制派普里伯斯最先斗败出局，特朗普女婿库什纳和女儿伊万卡崭露头角，权倾朝野。《纽约时报》2017年4月17日刊文称，"女儿女婿同任高参，特朗普白宫变家族企业"，认定特朗普是"家族式统治"。

而"大族长"特朗普还经常以突然袭击的方式解雇部下，身边的心腹和高官们像走马灯似的来去匆匆。2017年5月9日，联邦调查局局长詹姆斯·科米（James Comey）正在洛杉矶给部下做演讲，台下雇员突然指着他身后的电视说："嘿，局长，你被炒鱿鱼了！"科米以为是开玩笑，但转身就看到了：电视里正在报道他被特朗普总统解雇的消息。演讲没法继续了，科米羞愧地说了声抱歉，黯然走下了讲台。

用人随心所欲，施政不按常理出牌，特朗普执政4年大刀阔斧，搅得全世界不得安宁，其主要作为包括："减税""能源独立""退群""边境墙""贸易战""抗疫经济刺激计划"等。

内政方面，特朗普上台后最大的政绩是减税。2017年12月22日，圣诞节前的最后一个工作日，特朗普签署了规模1.5万亿美元的《减税和就业法案》，美国联邦企业所得税税率从35%直降至21%。下调个税税率，年收入7.5万美元的美国家庭减轻约一半税负，此举为美国自1986年以来最大规模的减税行动。

2018年5月25日，特朗普又签署了《经济增长、放松监管和消费者保护法案》，对2010年的奥巴马金融监管法案《多德—弗兰克法》做出首次重大调整，放松了金融监管。

在能源政策方面，特朗普力推"美国优先能源计划"，扶植石油、天然气、煤炭等传统化石能源，大力开发页岩气，最大化利用美国本土能源，结束了美国对进口能源的依赖，至2019年年底美国实现"能源独立"，转而成为能源净出口国。

在社会政策方面，特朗普试图废除奥巴马医改法案，被议会阻止而失败。2017年5月4日，众议院以微弱优势通过了拟取代奥巴马医改的相关议案，但7月28日，参议院又以微弱优势否决了众议院的议案。

在性别政策方面，2017年2月22日，特朗普撤销了奥巴马的"厕所令"。该法令曾引发巨大争议，要求公立学校允许"跨性别"学生根据"心理性别"而非"生理性别"选择卫生间和更衣室。

在移民政策方面，2017年1月25日，特朗普签署了两道行政令，加强边境安全和收紧移民政策，声称将动用联邦政府资金修建美墨边境墙。8月，特朗普宣布了移民改革政策，将大幅减少移民人数，计划十年内将每年移民接纳量从100万人降至50万人。改革后，美国公民将无法为父母或兄弟姐妹申请绿卡。提高移民门槛，以技能"积分系统"取代"低端移民体制"。新移民须精通英语，拥有美国需要的工作技能和稳定的财政状况，且不能申请政府福利。同时，特朗普还下令遣返无证移民，宣称将1100万无证移民全部赶出美国。

2018年年末，边境墙之争导致四分之一联邦政府机构停摆35

天。2020年1月，美国在墨西哥边境建成100英里长的边境墙。特朗普在社交媒体上称赞这是一堵"强大的"墙，并以自己的名字命名。

借反恐名义，2017年1月27日，特朗普签署了一道行政命令"阻止外国恐怖分子进入美国的国家保护计划"，俗称"穆斯林禁令"（禁穆令）。未来90天内，禁止伊拉克、叙利亚、伊朗、苏丹、索马里、也门和利比亚等七国公民入境美国。另外，特朗普还暂停原有的难民接纳项目120天，并无限期中止奥巴马任内启动的在美重新安置叙难民计划。

2017年9月24日，特朗普签署了另一份旅行禁令，要求从10月18日开始禁止乍得、伊朗、利比亚、朝鲜、叙利亚、也门和索马里的公民进入美国，委内瑞拉的部分官员也不得进入美国。

在对外政策方面，特朗普片面强调"美国优先"，要求盟友和相关国家承担更多的费用和义务，一言不合就"退群"。2017年1月23日，特朗普签署行政命令，宣布美国退出跨太平洋伙伴关系协定（TPP）；6月，宣布美国将停止落实不具有约束力的《巴黎协定》，2019年11月4日启动退出程序。2017年10月，宣布退出联合国教科文组织，2019年1月1日零时正式退出。2018年5月8日，宣布退出《伊朗核问题协议》。2018年6月19日，退出联合国人权理事会。2018年10月17日，签署备忘录启动退出万国邮政联盟的程序。2019年4月26日，宣布美国将撤销在《武器贸易条约》上的签字。2019年8月2日，退出《苏联和美国消除两国中程和中短程导弹条约》。2020年5月22日，向《开放天空条约》所有签约国递交退约决定通知。2020年5月29日，宣布终止与世界卫生组织的关系。

秉持"美国优先"和"让美国再次强大"的施政理念，特朗普高调主张贸易保护，挑起了一系列的贸易争端。上台伊始，特朗普将第一把火烧向了加拿大。特朗普宣称，《北美自由贸易协议》（NAFTA）是美国有史以来最糟糕的贸易协议，伤害了美国利益，如果不修改，美国将退出。2017年8月，美国、加拿大、墨西哥三国开始磋商更新自贸协定。2017年11月，美国决定对加拿大软木产品征收反补贴和反倾销税。2018年5月31日，宣布对欧盟、加拿大和墨西哥征收钢铝关税，并对汽车进口发起232项调查。2018年9月，美墨加三国达成《美墨加三国协议》（简称USMCA），取代已实施20多年的《北美自由贸易协定》。2020年1月29日，特朗普签署《美墨加三国协议》，自吹为21世纪最高标准的贸易协定。

2018年3月，特朗普又指责韩国以非关税壁垒阻碍美国汽车、机械等在韩国扩大市场，逼迫韩国修改了贸易协定。同时，特朗普肆意批评和破坏世界多边贸易体制，指责世界贸易组织（WTO）出现了两大缺陷，无法维护美国的贸易权益，透明度存疑，应全面改革。

在中美关系方面，2017年4月7日，习近平主席应邀在美国佛罗里达州海湖庄园与特朗普实现了中美元首会晤。同年11月8

日，特朗普应邀抵达北京，对中国进行了国事访问。

特朗普执政后，不计后果大幅调整美国对华政策，先后签署了所谓的"西藏旅行对等法""香港人权与民主法案""台北法案"，严重干涉中国内政，严重违反国际法和国际关系基本准则，严重削弱了中美战略互信，破坏了两国关系的基础，恶化了两国关系的发展方向，加剧了两国关系的紧张与摩擦，中美关系开始走向"脱钩"与对抗。

2018年3月22日，特朗普签署总统备忘录，对从中国进口的商品大规模加征关税，并限制中国企业对美投资并购，公然挑起了对华贸易战。3月23日，中国商务部发布反击方案，对美进口水果、葡萄酒、无缝钢管、回收铝等产品加征15%至25%不等的关税。

2018年7月6日，美国违反世贸规则，开始对中国产品加征25%的关税，发动了经济史上规模最大的贸易战。12月1日，习近平主席与特朗普在二十国集团领导人峰会时共进晚餐，两国领导人达成共识，停止加征新的关税。

2019年5月9日，特朗普政府又宣布，自次日起，对从中国进口的2000亿美元清单商品加征的关税税率由10%提高到25%。中国做出反制，自2019年6月1日起，对原产于美国的部分进口商品提高加征关税税率。同年6月29日，习近平主席与特朗普在二十国集团领导人峰会上举行会晤，两国元首同意重启经贸磋商，美方不再对中国产品加征新的关税。2020年1月15日，中美双方在美国华盛顿签署《中华人民共和国政府和美利坚合众国政府经济贸易协议》。

特朗普的中东政策主要是遏制伊朗威胁,力挺以色列。措施上一是对伊朗实施精准的经济制裁,二是对伊朗采取极限军事威慑。2017年12月6日,特朗普宣布承认耶路撒冷为以色列首都,并将美驻以使馆从特拉维夫迁往耶路撒冷,结束了美国在耶路撒冷归属问题上的惯常中立立场。美国首次在巴以核心矛盾上公开力挺以色列。2018年5月,美国退出伊核协议。

2019年3月23日,特朗普宣布,极端组织"伊斯兰国"(ISIS)已完全失去在叙利亚和伊拉克的控制区。10月27日,特朗普宣布"伊斯兰国"最高头目阿布·贝克尔·巴格达迪已在叙利亚西北部的一次美军夜袭中自杀身亡。

2020年1月3日,美军无人机发射三枚导弹在伊拉克首都巴格达国际机场附近刺杀了伊朗高级将领卡西姆·苏莱曼尼(Qasem Soleimani,1957—2020)。美国国防部说,特朗普下令实施了针对苏莱曼尼的袭击,旨在震慑伊朗。

同时,特朗普对朝鲜也实施了"极限施压"政策,力图"压服朝鲜弃核"。2018年6月12日,特朗普与朝鲜最高领导人金正恩在新加坡举行首次历史性会晤,两国领导人发表了四项联合声明,包括建立新型美朝关系、构建朝鲜半岛和平机制、实现朝鲜半岛完全无核化、送还美军战争遗骸等。

2019年2月27日,特朗普与金正恩又在越南首都河内会晤。

6月30日，特朗普在板门店与金正恩再次会面。特朗普跨越军事分界线来到朝方一侧，成为朝鲜战争结束以来踏上朝鲜国土的首位美国在任总统。

在增强美军方面，2018年6月18日，特朗普下令启动组建独立于空军的太空军，列为美国武装力量的第六军种。2019年8月29日，特朗普宣布成立美国太空司令部，整合各军种力量，使通信、情报、导航及导弹早期监测和预警等优势太空能力形成作战力，确保美国拥有进入太空和在太空自由行动的能力。

在抗击新冠肺炎疫情方面，2020年1月31日，特朗普下令国家安全委员会成立专题工作组，并禁止14天内到过中国的外国公民入境。2月下旬，特朗普又相继对伊朗、欧洲实施旅行禁令。2月26日，特朗普指定副总统迈克·彭斯（Mike Pence）为美国疫情工作负责人，统领美国应对新冠病毒工作，阻止病毒在美传播。3月14日，特朗普宣布国家进入紧急状态，以应对美国新冠肺炎疫情。

3月25日，美国国会通过了2.1万亿美元史上最大规模财政刺激计划，应对新冠肺炎疫情，防止美国经济严重衰退。约1.5亿美国居民将获得1200美元至2400美元不等的一次性现金援助；失业救济金每周增加600美元；受疫情重创的美国航空企业将获得250亿美元直接援助。

同时，建立一个5000亿美元的资金池，为受疫情打击的企业、州和城市贷款，提供贷款担保；向小企业发放3500亿美元贷款，用于支付工资和福利；为医疗机构提供1117亿美元资金；为国家战略医疗储备提供160亿美元资金等。

4月13日，美国财政部指令国税局把特朗普的名字印在寄给民众的援助支票上。据报道，特朗普向美财政部长史蒂芬·姆努钦（Steven Terner Mnuchin）提议，在支票上印上他的名字。

2020年3月起一年里，美国政府先后向个人发放了三笔救助款，向中小企业发放了两次可免还贷款，向失业者发放了高额救助款，救助金总额达5万亿美元，而2020年美国财政总收入是3.42万亿美元。

为了推卸疫情的责任，特朗普大肆攻击世界卫生组织工作不力。4月14日，特朗普宣布美国暂停向世界卫生组织缴纳会费。5月29日，特朗普宣布美国将终止与世界卫生组织的关系。

2018年11月6日，美国国会中期选举结果出炉，民主党重新夺回众议院多数党地位，共和党则巩固了参议院多数党地位。

2019年9月初，美国情报人员匿名举报信爆雷：特朗普触犯政党斗争大忌，向乌克兰施压，要求对方调查民主党总统候选人拜登及其子受贿之事。9月24日，美国众议院宣布对特朗普展开正式弹劾调查。12月18日，众议院通过了针对特朗普的两条弹劾条款，即滥用权力和妨碍国会调查，特朗普由此成为美国历史上第三位被众议院弹劾的总统。

2020年1月中旬，众议院将弹劾案提交给参议院审判；2月5日，美国参议院就特朗普弹劾案举行全体表决，以52票反对、48

票支持否决了第一条弹劾条款"滥用权力",以53票反对、47票支持否决了第二条弹劾条款"妨碍国会调查",宣告特朗普无罪。

2020年11月7日,美国总统选举统计结果显示,总计1.4亿多张选票中,特朗普获得了6800多万张,民主党总统候选人约瑟夫·拜登赢得7200多万张。美国媒体报道,拜登赢得2020美国总统大选,但特朗普拒绝承认败选,并发表了拒绝败选的声明,称拜登为"急于伪装成胜利者"。

12月14日,美国50个州和首都华盛顿哥伦比亚特区举行选举人会议,拜登赢得306票,特朗普获得232票,约瑟夫·拜登正式当选为第46任美国总统。

美国商务部数据显示,2020年美国几乎所有经济领域都衰退了,GDP萎缩3.5%,降幅甚于2009年金融危机。新冠肺炎疫情导致美国损失900万个工作机会,年均失业率达8.1%。

2021年1月6日,特朗普的数百名支持者闯入美国国会大厦,阻拦国会宣布拜登胜选,冲突造成5人死亡,举世哗然。

1月8日,社交媒体推特宣布,特朗普的账号存在进一步煽动暴力的风险,决定永久封禁其账号。同一天,宾夕法尼亚州理海大学宣布,鉴于特朗普支持者的暴力行动"侵犯了美国民主制度",决定撤销早在1988年授予特朗普的荣誉学位。

2021年1月13日,针对特朗普支持者的国会山事件,美国众议院指控特朗普"煽动叛乱",表决通过对特朗普总统的弹劾条款,特朗普成为美国历史上首位两度遭到弹劾的总统。2月13日,美国参议院以57票赞成、43票反对否决了对特朗普的弹劾，特朗普再次脱罪。

2021年1月19日，特朗普发布了离任告别演说录像，全世界都如释重负。当晚，特朗普在白宫签署特赦令，赦免了其前首席战略师史蒂夫·班农、共和党筹款人埃利奥特·布罗伊迪等数十人。

特朗普任内将主要精力耗费在对外搅局、推卸责任上，延误了对国内问题的解决。空喊"让美国再次伟大"，离任时留下一个贫困率增速打破50年纪录、外贸赤字增至6452亿美元、社会分裂加剧的烂摊子。

> 拜登是一个正直的人,但过去 40 年里,他在几乎所有重大外交和国家安全事务上都判断失误。
>
> ——［美］拜登同事、前国防部部长罗伯特·盖茨

拜登执政

2020 年 11 月 7 日,民主党总统候选人约瑟夫·拜登(Joseph Robinette Biden Jr.,简称乔·拜登,1942—)战胜在任总统特朗普,当选为第 46 任美国总统。民主党不仅重掌白宫,而且同时赢得国会参众两院。

拜登生于美国宾夕法尼亚州的一个爱尔兰裔中产家庭,1965 年获特拉华大学历史学和政治学双学位,1968 年获雪城大学法学博士学位。自 1972 年 30 岁时代表特拉华州当选美国参议员后,在美国参议院任职长达 36 年(1973—2009),曾任参议院司法委员会和对外关系委员会主席。在 2009 年至 2016 年奥巴马时期,任美国副总统。

与特朗普的政治素人背景截然不同,拜登是妥妥的华盛顿建制派、政坛老手。拜登当选被视为美国回归秩序与稳定,他就职讲话的关键词也是"纠正、恢复、团结、重返"。

拜登上台后,力图提振美国经济、控制新冠肺炎疫情、弥合

国内分裂，工作重点聚焦三项支出法案：1.9万亿美元新冠纾困方案、1.2万亿美元"基础设施投资和就业法案"和1.75万亿社会福利法案，开支总额约5万亿美元。

2021年3月11日，拜登派发第一个开张"大礼包"，签署1.9万亿美元新冠纾困计划。每周失业救济金增加300美元，扩大失业救济范围并延长适用时间至9月6日；为州和地方政府注资3500亿美元；为学校重新开放资助1700亿美元。

在控制新冠肺炎疫情上，拜登采取了比特朗普更积极的措施，包括推广疫苗接种、加强检测、口罩令等。2021年上半年，疫苗接种率加快，美国经济强劲复苏，失业率下降。但是民众并不买账，自8月起，拜登的支持率一路下滑跌破50%，年末仅剩43%，比前任奥巴马、小布什、克林顿、布什的同期表现都差，只略高于特朗普的38%。

从经济指标看，拜登上任一年来，美国经济表现并不差。2021年美国GDP增速达5.6%，为1984年以来最好表现。2020年美国GDP萎缩3.5%，为1946年以来最差年份。

2022年1月31日，美国国债总额突破30万亿美元，远高于新冠肺炎疫情前的23万亿美元。过去十年里，联邦政府曾多次因为触发债务上限而停摆。2021年12月美国国会又将联邦债务规模上限调高至31.4万亿美元。

美国的通胀指数从2021年4月开始持续上升，到12月，消费者价格指数（CPI）同比上涨7%，创1982年以来最高纪录。这些信号非常令人不安，似乎预示着美元贬值的那一天正在到来，经济的冬天远未过去。

拜登的应对策略是增税，他表示未来10年将向顶层1%的富人增税1.5万亿美元。拜登的税改方案把企业税从特朗普时期的21%增加到28%；提高年收入超过40万美元者的个人税率；加倍富人的长期资产利得税。

不过，纵观历史，美国政府曾经多次提高企业税率、提高富人税率，但从未通过增税实现收支平衡，也从未解决贫富分化问题。公司税率提高了，苹果、微软、谷歌等巨头企业会把利润留在海外，比如爱尔兰企业税仅12.5%，匈牙利仅9%。受冲击的永远是中小企业，这些企业本来利润就低，也没实力跨国避税，不赚钱只能关门了事。深谙历史的老牌政客对此心知肚明，拜登高喊从富人那里征收更多的税，只是为了从穷人那里获得更多的感激和支持。

普通民众不懂税务结构，美国的税收50%来自个人所得税，公司所得税只占6%。公司的职责主要是创造就业机会，并缴纳社保和医疗税，而社保和医疗税占到政府36%的财政收入。中小企业雇用了近半数的求职者，中小企业大批倒闭，就业率就直线下降，政府所得的社保和医疗税也会大幅度减少。政客们从不纠正民众的认知误区，宣称向企业增税只是表演其对资本和财富的立场，表明何等痛恨富人拿走太多的利润。

提高税收还会造成富人逃离。富人逃离的后果是企业关门、中产阶级流失和政府税收减少，而穷人会变得更穷。

撒切尔夫人曾评论："他们宁愿穷人更穷，只要能让富人钱少。"

马克思也说过："只有一种办法能够杀死资本主义，征税，征税，征更多的税。"

拜登的财政挥霍正在以泰坦尼克号撞向冰山的方式击沉美国资本主义。回顾历史，令人扼腕。200多年前，苏格兰历史学家亚历山大·泰特勒说过："民主制无法成为一种行之久远的政治制度。总有一天，公众会发现，他们可以投票选出打开国库为选民发钱的候选人，那时民主制就终结了。"

在国际上，拜登宣扬"美国回来了"，重返特朗普退出的"群"（国际组织），修补与盟友关系，从中东、中亚地区收缩，将战略重点转向中国和俄罗斯。

在对华政策上，拜登沿袭了特朗普的印太战略，把中国视为美国最严峻的竞争对手，拉拢盟友围堵中国，加强美日印澳四国机制，新设美英澳三方安全伙伴关系，施压、胁迫各国选边站队。倡议美国版的所谓"全球基建计划"，举办所谓的"世界领导人民主峰会"，宣扬美国要重回国际领导地位，直面"中俄领导的"所谓"集权国家势力"。

作为老牌政客，拜登曾经在1979年、2001年、2011年和2013年四度访问中国。1979年，时任美国参议员的拜登初次访华，游览了长城。2001年，拜登再次访华，与时任总理朱镕基进行过会谈。2011年8月17至22日，应时任国家副主席习近平的邀请，拜登对中国进行正式访问。2013年12月4日应时任国家副主席李源潮的邀请，拜登对中国进行了两天的正式访问。

2021年7月，在"9·11"恐怖袭击事件发生临近20周年之际，拜登发表讲话，称美军在阿富汗的军事任务将于8月31日结束。8月15日，塔利班进入并控制阿富汗首都喀布尔。败走阿富汗，20年无功而返，美军或许能学到一点：以单纯武力压服对手，根本算不上战略，和平无法通过暴力来实现。

2021年11月19日，拜登进行例行体检后，白宫医生凯文·奥康纳报告说："总统仍然是一名健康、精力充沛的78岁男性，他能够成功地履行总统职责，包括作为政府首脑、国家元首和三军统帅的职责。"

而公众对拜登健康状况的争吵却并未停止。频繁的失忆和口误令人质疑他是否有继续执政的能力。在会晤英澳首脑时，拜登竟然忘记了澳大利亚总理莫里森的名字。思索了一会儿也没能想起来，最后只好称其为"那个来自澳大利亚的家伙"。对外界的质疑，拜登不以为然，坚称自己的智力没有任何问题。

2021年12月22日，在接受媒体采访时，拜登表示："如果健康状况良好，将参加2024年大选，寻求连任。"

2022年1月6日是美国国会骚乱一周年的日子，拜登在国会大厦发表演讲，指责特朗普企图破坏美国民主，重视"权力高于原则"，将"他受伤的自尊"置于美国宪法之上。"这是我们历史上第一次，一位总统不仅在选举中失败，还试图阻止权力的和平交接，一群暴民冲击了国会大厦。我们必须确保这样的袭击永远不再发生。"

2022年2月1日，拜登在社交媒体上发文庆祝中国农历新年："我们向所有过节的人致以最热烈的问候，并祝愿你们在新的一年里平安、繁荣和健康！"

后　记

　　时空流转，现在看来重要的许多事情，在不久的将来都会失去现实意义。时代的热点不断变迁，透过当代人的眼睛，历史及其意义总会幻化出不同于以往的姿色。

　　时光也给历史蒙尘，让蓦然回首的当代人看不清来时的路。

　　本书像是一叶飘摇的小舟，载着感兴趣的读者在历史的长河里徜徉，也仿佛是划船的艄公，为访客们指路导游，细说从头。提及美国，人们总会好奇：美国为什么强大？

　　答案众说纷纭，莫衷一是。长期跟踪美国问题，我个人也有一点心得，不揣浅陋，写在下面，与您分享，以资谈笑。决定美国强盛的因素很多，撷英拾萃，且说几点：

　　第一，美国是一个自下而上的丛林社会，源自英国的习惯法传统是美国信念的基石。美国从原始丛林中走出来了，却又始终植根于原始丛林。美国是"湿的"生命体，基因源于丛林，命脉生息于丛林。

　　"一草一木总关情"，美国这片浩瀚的丛林由个人、家庭、企业、各种社会组织和各类政府组织共同构成。这丛林像一个多面的魔方，幻化无穷；美国是冷酷的，那份冷源于丛林的本性；美国是火热的，那份热源于人性的温暖；美国是多姿多彩的，那绚烂源于自然的多样、生物的多元和文化的复杂多维。

基于习惯法的个人英雄主义，是美国文明最底层的活力源泉；责任自己担，人人做好汉。在美国主流社会的衣钵传承中，个人英雄主义是最重要的基本信念和社会共识。生活的福祉靠自己去创造，梦想的实现靠自己去奋斗。美国不相信眼泪，人人必须自食其力。这种人生哲学及其制度安排贴近自然界的原始状态，源于自然，基于人性，建构了美国生活的修罗道场。

一个基于个人的社会，尊重个人是不二法门。个人既不善，也不恶，人性是自我建构的，人品是自我造就的。凡事"谁主张谁举证"，有要求请自力更生，有问题请自己想办法。入门级的社会尊重是"天赋人权"，是个人的基本修养，构成了社会规范和职场伦理。专享的尊敬是无形资产，属于社会声誉和社会价值，是个人IP（智慧资产），需要自行建设，需要自己去经营去赢得。

人人生来就是好汉，不论贫富贵贱、贤愚强弱，社会环境都鼓励和要求人们自尊自重，勇敢地承担起个人与生俱来的谋生责任和社会责任。蓬勃的个体生机和旺盛的社会活力，由此在自由竞争的社会生态中迸发出来。天高任鸟飞，海阔凭鱼跃；藏富于民，藏智于民，人民自强不息，国家自然繁荣富强。

第二，人是目的，是价值根源，也是最有价值的资源。美国的竞争力来自对人的价值根源性的深刻领悟，美国的强盛源于对人的尊重。在美国，人不是负担，而是蕴藏潜能的资源，经过教育、培训和开发就能够变成人力资本和社会财富。

科学技术是第一生产力。但是，没有人才，又何来科学技术呢？人才是科学技术的源头。先有人才，后有科学技术，科学技术发展带动经济进步，造福社会。

第三，美国文明是社会精英主导的法治文明。精英阶层是美国社会的统治者。精英主导社会，理智控制情感。美国的治国之道也有两手，一手是自由，一手是法治。对于自由，美国人视为价值基石，是公民的天赋权利，也是公民自律的责任和代价；对于法治，美国人不含糊，街头警察荷枪实弹，违法的后果十分可怕。

正视自然差序，直面现实结构；自由与专制各行其道，平等与等级并行不悖。既追求自由与平等，也接受秩序与等级；尊重人自由选择的平等权利，也遵从相应而来的秩序与等级。私人领域里，尽可以随心随意；公共领域里，必须恪尽职守、不越雷池。

第四，爱国就是爱体系，零容忍"吃饭砸锅"。美国式爱国的精髓是爱美国宪法，爱护美国信条，捍卫美国赖以生存的制度体系和经济社会的硬核架构。这些就是美国的底线，是零容忍的元规则禁区，挑战这些气韵元神就是颠覆性的"吃饭砸锅"。

作为个人主义社会，美国的国家安全和集体生存也是不容置疑的社会共识。特别是经历了独立战争、两次世界大战、经济大萧条和历次金融危机之后，美国已经对国家安全和集体生存建立了坚固的社会共识，形成了广泛的社会保障体系和丰富的私人慈善网络，美国社会的长治久安与长期繁荣奠基于此。

纸短情长，诸位珍重！感谢您阅读了本书。陪伴您穿越时空，徜徉史海，非常荣幸和快乐。不足之处，欢迎批评指正。

杨会军
2022 年 2 月 7 日